W0286426

Le cintre était sur la banquette arrière

Alain Rémond

Le cintre était sur la banquette arrière

Petites chroniques de la vie quotidienne

Éditions du Seuil
*27, rue Jacob, Paris VIe*

ISBN 978-2-02-097730-2

© ÉDITIONS DU SEUIL, MAI 2008

Le Code de la propriété intellectuelle interdit les copies ou reproductions destinées à une utilisation collective. Toute représentation ou reproduction intégrale ou partielle faite par quelque procédé que ce soit, sans le consentement de l'auteur ou de ses ayants cause, est illicite et constitue une contrefaçon sanctionnée par les articles L. 335-2 et suivants du Code de la propriété intellectuelle.

www.seuil.com

Le mystère de la banquette arrière

9 juin 2003

Décidément, quand ça va mal, ça va mal. Tel sera, si vous le voulez bien, le dicton du jour. Et même de la semaine. Dimanche 1er juin, donc, je rentre tranquillement, peinardement, d'un long week-end agrémenté d'un pont (dit « de l'Ascension »), sourire aux lèvres et valise à la main. Arrivé au pied des ascenseurs, j'avise, scotché sur chacune des deux portes (j'ai en effet le privilège, vu la taille et la hauteur de l'immeuble, d'avoir deux ascenseurs), le même avis, aussi précis que laconique : EN PANNE. Un ascenseur en panne, ce sont des choses qui arrivent. Deux, c'est embêtant. C'est même franchement rude quand on rentre d'un long week-end la valise à la main. Et qu'on habite, comme moi, au tout dernier étage. Soit le quatorzième.

Bon. De toute façon, je n'ai pas le choix. Quand faut y aller, faut y aller. J'empoigne ma valise (très lourde, est-il utile de le préciser ?). Et j'entame l'ascension (comme le pont du même nom). Il fait chaud. Très chaud. Les escaliers sont à double volée. Et le sommet est sacrément haut. Au septième étage, je m'autorise une pause, façon camp de base. Le temps d'essuyer de mon front la sueur qui dégouline le long des marches. Et je repars, plein de vaillance et de courage. Arrivé en haut *(home, sweet home!)*, les mollets sciés, je réalise qu'il va falloir que je redescende, pour acheter les menus produits nécessaires à ma subsistance (à commencer par l'indispensable baguette). Je redescends, donc. Sans ma valise, c'est déjà ça.

Dans la rue, je rencontre la gardienne de l'immeuble. Qui me donne deux informations. Premièrement : c'est l'orage qui a détraqué les ascenseurs. Deuxièmement (et là elle prend un air très embêté) : il s'est aussi passé autre chose, ce week-end. Le parking a été visité. Et un certain nombre de voitures ont été dépouillées. « Dont la vôtre... » Comment ça, dépouillées ? Comment ça, ma voiture ? Ben oui. Dans la nuit de vendredi à samedi. Ils ont emporté la banquette arrière. La banquette arrière ? Je retourne illico à l'immeuble, la baguette sous le bras. Et je descends au parking. *Damned!* Porte avant défoncée. Banquette arrière envolée. Super, me dis-je. Je pars en week-end en train, pour éviter les embouteillages de l'Ascension. Et pendant ce temps-là je me fais voler la banquette arrière. La vie a de l'humour.

Vite, je remonte chez moi. Au quatorzième étage, je vous le rappelle. Plus le sous-sol. Ce qui fait quinze. À pied. Arrivé en haut, je pose ma baguette, je m'essuie le front. Et j'appelle la police. « Comment ça, votre banquette arrière ? » Ben oui. « OK, on arrive. » Ils arrivent. Je redescends. Quinze étages. On fait le tour du parking. Six banquettes arrière envolées. Une voiture volée (avec sa banquette arrière). Un peu sciés, les policiers. Apparemment, il y a une forte demande en banquettes arrière. J'aimerais bien savoir qui héritera de la mienne. Elle est très confortable. J'espère qu'on en prendra soin. « Eh bien voilà, me dit le chef des policiers, vous n'avez plus qu'à aller porter plainte au commissariat. » Oui, dis-je, j'y vais de ce pas. En voiture. Heureusement qu'ils n'ont pas piqué les sièges avant. Avec tout ça, il est plus de 21 heures.

Je ressors du commissariat à minuit passé. Et je remonte chez moi. À pied. J'entame la baguette, en pensant, mélancolique, à ma banquette arrière. Et en rêvant à mes mollets de jeune homme.

Le lendemain matin, comme tous les matins, je tourne le robinet de la douche. Rien. Pas une goutte d'eau. Qu'est-ce que c'est que cette histoire ? Encore un coup de l'orage ? Je me renseigne. En fait, c'était prévu (et même annoncé par un papier dans l'ascenseur – sauf que, justement...) : des travaux de plomberie dans l'immeuble. À 8 heures du matin. Super. Et, au fait, l'ascenseur ? Je vais aux nouvelles. Qui ne sont que moyennement rassurantes : peut-être qu'on va le réparer aujourd'hui. Mais peut-être que non. Ça dépend. De quoi ? Justement, ça dépend. J'aime bien quand on m'explique. Bref : quand je rentre chez moi, le soir, les ascenseurs sont toujours en panne. Mais l'eau est revenue (pas ma banquette arrière, ne rêvons pas).

Le surlendemain, j'ai un rendez-vous, prévu de longue date, à Reims. Où je dois me rendre en train. Bingo : c'est le jour de la grève générale. Pas de train pour Reims. Vous allez croire que je le fais exprès. Je finis moi-même par me le demander. D'autant plus que le jour d'après, sur le coup de 8 heures, alors que je suis en train de prendre ma douche, l'eau chaude s'arrête net. Mais pas la froide. Les travaux de plomberie, encore. Super, le shampooing à l'eau froide. Là-dessus, j'allume France Inter, pour avoir des nouvelles de la grève. Justement, ils sont en grève. Enfin, une bonne nouvelle : les ascenseurs sont réparés.

Pour la banquette arrière, en revanche, ça va prendre du temps. Au moins un mois et demi, dit le garagiste. Forcément, avec tous ces vols de banquettes arrière, on n'en a plus en stock. J'ai l'impression, d'un seul coup, d'être au centre d'un vaste trafic international. Comme au cinéma. Sauf que partir en vacances sans banquette arrière, ce n'est pas terrible. Pas question, en tout cas, de laisser la voiture au parking. Pour la retrouver sans sièges avant, merci bien. Sans parler de la grève des trains. Qui m'empêcherait de rentrer chez moi. Et de tomber sur les ascenseurs en panne. Quant à l'eau chaude et à l'eau froide…

Ma vie est un formidable suspense.

Des nouvelles de ma banquette arrière

27 octobre 2003

Il y a longtemps que je ne vous ai pas parlé de ma banquette arrière. La dernière fois (qui était aussi la première), c'était en juin. Je vous avais raconté comment, rentrant d'un week-end en train (pour éviter les embouteillages), j'avais retrouvé ma voiture, dans le parking de mon immeuble, délestée de sa banquette arrière. Pas seulement la mienne : cinq autres voitures avaient subi le même sort. À quoi il convient d'ajouter une septième, disparue corps et biens. Peut-être avait-elle servi à embarquer les banquettes arrière des six autres voitures. Car c'est bien beau de démonter des banquettes arrière. Encore faut-il pouvoir les transporter.

Après avoir porté plainte, après avoir fait les déclarations d'usage auprès de l'assurance, après avoir passé commande d'une nouvelle banquette arrière à mon garagiste, je suis parti en vacances. Sans banquette arrière. Et je vous ai laissés en plan. Or, vous êtes tout à fait en droit d'exiger des nouvelles de ma banquette arrière. L'histoire du journalisme est remplie d'événements montés en épingle, puis totalement oubliés. Il ne sera pas dit que j'aurai foulé aux pieds ma déontologie, en laissant s'enliser dans les sables de l'indifférence le vol de ma banquette arrière. C'est pourquoi je me fais un devoir de vous tenir au courant des suites de cette ténébreuse affaire.

Quatre mois après, donc, où en sommes-nous ? D'abord, je me

suis beaucoup instruit. Sachez, mesdames et messieurs, que le vol de banquettes arrière est en plein boum ! Il s'agit d'un créneau porteur, d'un secteur plein d'avenir. Les policiers et mon garagiste m'ont gentiment expliqué le circuit. Supposons que vous ayez l'intention d'acheter un véhicule utilitaire. Vous l'achetez muni de ses deux sièges avant (indispensables) mais sans banquette arrière. Ensuite, vous faites l'acquisition de votre banquette arrière sur le marché parallèle. C'est-à-dire sans TVA, sans taxe d'aucune sorte, sans rien. Bref : beaucoup moins cher. Et d'où viennent ces banquettes arrière à prix d'ami ? De ma voiture. Entre autres. Ça n'a rien d'un petit business marginal. Des milliers de voitures se sont fait débanquettiser. La demande explose. Il faut bien suivre.

Et c'est là où ça se corse. Parce que plus il y a de gens qui se font voler leur banquette arrière, plus il y a de gens qui veulent se faire remplacer leur banquette arrière (j'espère que vous arrivez à suivre). Et plus il y a de gens qui veulent se faire remplacer leur banquette arrière, moins le fabricant de banquettes arrière arrive à fournir. Résultat : je n'ai toujours pas de banquette arrière. Parfaitement, mesdames et messieurs : depuis quatre mois, je roule sans banquette arrière. Bien entendu, ça ne m'empêche pas de rouler. Mais pour véhiculer d'autres passagers (mes enfants, mes amis…), on fait comment ? D'accord, ça a aussi des côtés positifs : pour transporter un réfrigérateur ou une horloge franc-comtoise, c'est impeccable. Mais je ne transporte pas des réfrigérateurs ou des horloges franc-comtoises tous les jours. Disons même que ça m'arrive assez rarement. Alors que mes enfants ou mes amis… Déjà, les vacances. Toutes les vacances sans banquette arrière. Je confesse avoir dû, à quelques reprises, inviter mes passagers à s'asseoir par terre (enfin, sur le plancher), au mépris de toutes les règles de sécurité (et en priant pour que la maréchaussée ne me hèle pas du sifflet).

Voilà à quelle extrémité m'a conduit l'alimentation du marché parallèle du véhicule utilitaire. Et je n'ai toujours pas de banquette arrière ! Malgré mes multiples appels téléphoniques à mon garagiste : rien. J'ai donc appelé l'échelon supérieur, M. Citroën lui-même (oui, au fait, c'est une Citroën, ma voiture). Enfin, je l'appelle M. Citroën, je ne sais pas qui c'est, la haute direction qui s'occupe des « relations Clientèle ». Il connaît mon dossier par cœur, M. Citroën (le dossier de ma banquette arrière, je veux dire) depuis le temps que je l'engueule au téléphone. Et depuis six mois, il me répond la même chose : On n'y peut rien, vous êtes beaucoup trop nombreux, on n'arrive pas à fournir. Et il ajoute cet argument massue : De toute façon, ce n'est pas Citroën qui fabrique les banquettes arrière. Ce sont des sous-traitants. Et ils sont complètement débordés. Nous, conclut M. Citroën, on n'y peut rien, on s'en lave les mains. Qu'est-ce que ça veut dire ? Qu'est-ce que c'est que cette histoire ? Est-ce que c'est une raison pour me sous-traiter ? Moi, ma voiture, je l'ai achetée à M. Citroën. Pas à des sous-traitants. Et son boulot, à M. Citroën, c'est de remplacer ma banquette arrière. Je ne veux pas savoir comment. À lui de se débrouiller.

Au fait, vous savez ce que c'est, le slogan de Citroën ? Je vous le donne en mille : « Vous n'imaginez pas tout ce que Citroën peut faire pour vous. » J'imagine très bien, au contraire. J'imagine même de mieux en mieux. Il ne peut rien faire, M. Citroën. Voilà ce qu'il peut faire. Rien. Travailleurs, travailleuses, ex-propriétaires de banquettes arrière, on vous spolie ! Regroupons-nous ! Organisons-nous ! Le droit à la banquette arrière est un droit imprescriptible de l'humanité ! M. Citroën, je vous préviens : si ça continue, on fera la première manif de voitures sans banquette arrière de l'histoire de l'automobile. Sur les Champs-Élysées, là où vous avez un beau magasin. Vous l'aurez voulu !

Fabius, toujours plus sympa

24 novembre 2003

Jusqu'où ira Laurent Fabius pour arriver nulle part ? Parce que c'est bien ce qui le guette : une disparition corps et biens dans le triangle des Bermudes médiatique. Il a écrit un livre pour qu'on le trouve sympa. Maintenant, il court les radios et les télés pour qu'on le trouve encore plus sympa. De plus en plus sympa. Il finira sympa, Fabius. Sympa, mais fini. Essoré par les médias. Recraché par les médias. À poil. Il aura bien sûr droit à toute notre sympathie. C'est fou ce que les losers sont sympas.

Dès sa première interview pour lancer son livre, c'est ce qu'il a dit. Je cite : « Quand ils me voient, les gens me disent deux choses. D'abord que je suis plus grand qu'à la télé. Et puis que je suis plus sympa que l'image que je donne. Je me suis donc dit que j'avais encore du travail à faire. » Pas pour être encore plus grand, je présume. Mais pour être encore plus sympa. À la deuxième interview, il redit exactement la même chose. Au mot près. OK, Laurent, on a compris. Grand et sympa, d'accord. La troisième fois, à force de se répéter, il agace. La vingtième fois, on le trouve toujours aussi grand. Mais plus du tout sympa. Trop de sympa tue le sympa.

Là-dessus arrive l'affaire de la moto. C'est fou ce que la moto est tendance. En Afghanistan, le mollah Omar s'est échappé à moto. Fabius, lui, découvre la France à moto. Une moto de location, a-t-on fini par apprendre (celle du mollah Omar, on ne sait pas). Qu'il a rendue après son tour de piste. La France entière sait qu'il s'agit d'une 125 cm^3 « custom ». Et qu'elle n'est pas « pêchue ». Je ne sais pas combien de fois j'ai entendu ces deux mots-là pendant le mois de novembre. Plus, sans doute, que tout au long de ma vie. Être ou ne pas être custom ? Être ou ne pas être pêchu ? Là est la question que je ne m'étais jamais posée. Là est la question que les journalistes et les animateurs n'arrêtent pas de poser à Fabius, d'émission de télé en émission de radio. Du coup, c'est lui que ça agace. Il en a marre qu'on le cherche sur sa moto. À mon avis, c'est lui qui l'a cherché. Mais, bon. À chaque fois, Fabius répond la même chose : j'aurais dû marquer « humour ». Le coup de la moto, à l'entendre, c'est de l'humour. C'est censé faire rire.

Résumons-nous : Laurent Fabius a loué une 125 cm^3, custom mais pas pêchue, à seule fin de nous faire rire. Je ne sais pas comment vous êtes faits, vous, mais moi, la vue d'une moto me fait rarement rire. Qu'elle soit custom et pas pêchue ne change rien à l'affaire. L'humour intrinsèque d'une moto de location conduite par Laurent Fabius m'échappe complètement. Je suis désolé de lui faire de la peine, de lui couper les jarrets dans sa jeune carrière d'humoriste international, mais je reste de marbre derrière la moto de Laurent Fabius.

À mon grand regret, je dois dire la même chose des carottes râpées sous plastique. Ça aussi, selon Laurent Fabius, qui se voit rappeler tous les jours sa passion pour les carottes râpées sous plastique, c'est de l'humour. Personnellement, il ne m'est encore jamais arrivé d'éclater de rire en mangeant des carottes râpées. (Il est vrai qu'elles n'étaient pas sous plastique. Il va falloir que je tente l'expérience.) Peut-être, en revanche, la vision de Laurent Fabius essayant de manger des carottes râpées sous plastique au guidon de sa moto 125 cm³ custom mais pas pêchue et se prenant une gamelle me ferait-elle rire. Je ne l'exclus pas. Disons que je demande à voir (avec, même, une certaine gourmandise).

Reste l'épisode « Star Academy ». Dans son livre désopilant, Laurent Fabius nous révèle qu'il lui est arrivé de voter par téléphone à la « Star Academy ». D'après lui, c'était pour nous faire éclater les zygomatiques. Et on n'a rien compris. Mettons les points sur les *i*. Il n'est pas drôle, Fabius, quand il vote à la « Star Academy ». Il est ridicule. Il est pathétique. Pas parce qu'il le fait (quoique...). Mais parce qu'il le raconte. Parce qu'il se croit obligé de le raconter. Et pourquoi se croit-il obligé de le raconter ? Pour faire sympa. Pareil pour la moto. Pareil pour les carottes. Il est pris à son propre piège, Fabius.

Ce livre, il l'a écrit pour augmenter son coefficient personnel de sympathie (pour parler comme les pros de la com). C'est lui qui le dit. Qui n'arrête pas de le dire. Mais la moto, les carottes et la « Star Ac » lui reviennent en pleine figure comme un boomerang. C'est trop gros. C'est trop je-veux-faire-sympa. Alors il cherche une porte de sortie. Il s'invente après coup des intentions qu'il n'a pas eues. Il veut nous faire croire qu'il l'a fait exprès. Il répète, sur tous les tons : « Humour ! » C'est parce qu'il est vexé comme un pou. Il n'avait pas vu venir le coup. Il voit bien que ça foire, son gros truc démago. Alors il prend l'air pincé et il nous fait la leçon : vous ne voyez même pas que c'est de l'humour. Ben non. On ne voit pas. On ne voit que la démagogie. On ne voit que quelqu'un qui nous répète : les gens me trouvent plus grand qu'à la télé et plus sympa que mon image. Qui sacrifie tout à son image. Et qui se retrouve plus petit.

Custom et pas pêchu.

Une banquette arrière pour Noël

18 décembre 2003

Il faut que je vous raconte, là, tout de suite. Tellement c'est incroyable. La semaine dernière, je reçois un coup de fil de Mme Citroën (enfin, la chef du service Clientèle de chez Citroën). Elle me dit : « J'espère que vous ne désespérez pas, je vous assure qu'on pense à votre banquette arrière, si tout va bien, ça ne devrait pas tarder. » Ma banquette arrière ! Ça ne fait jamais que six mois qu'on me l'a volée. Six mois que Citroën me fait lanterner, comme quoi ils sont incapables de m'en fournir une autre, la faute aux sous-traitants. Six mois que je roule sans banquette arrière, comme si je conduisais une bétaillère. Et voilà Mme Citroën qui m'assure que le dénouement est proche !

Bon, je sais bien que les promesses n'engagent que ceux qui les écoutent, comme dit un haut personnage expert en promesses, mais je me prends à rêver. Et si c'était vrai ? Si la malédiction de la banquette arrière s'effaçait d'un seul coup ? L'homme vit d'espoir. Espérons et vivons, me dis-je. Tout plutôt que la résignation à une vie sans banquette arrière.

Hier, nouveau coup de téléphone. Cette fois, c'est le garagiste. Celui qui est censé m'installer ma banquette arrière quand elle sera livrée, disons vers 2023. Et vous savez ce qu'il me dit ? Il me dit : « Allô, monsieur Rémond ? Eh bien, votre banquette arrière est arrivée ! – Non ! – Si ! » Heureusement que je suis assis ! Sur la banquette arrière d'un taxi. Incroyable! Je n'en reviens pas! « Vous voulez dire que ma banquette arrière est arrivée chez vous, à votre garage? – Ah non, pas encore. Elle est au siège, chez Citroën. »

Ma banquette est au siège. Ah, ah. Je me demande soudain combien de temps met une banquette arrière pour aller du siège jusqu'au garage. Encore six mois? Je pose la question, avec un léger tremblement dans la voix, à l'ange Gabriel de la banquette arrière, qui vient de m'annoncer la bonne nouvelle. « Eh bien, disons la semaine prochaine, me répond-il gaiement. Jeudi, ça vous va? » Jeudi prochain! Quelle célérité, d'un seul coup! Je vacille presque sous la brutalité de l'annonce. Tout va trop vite! Plus qu'une semaine à attendre et j'aurai une banquette arrière. Je ne sais même plus à quoi elle ressemblait, celle qu'on m'a volée. Je ne sais même plus comment on fait avec une banquette arrière. Comment on s'en sert. Depuis le temps que je roule avec du vide derrière moi. Sauf quand des kamikazes acceptent de s'asseoir par terre, à leurs risques et périls. « Et vous savez, ajoute le garagiste, elle est complète, votre banquette, avec tous ses éléments! » Une banquette complète! Une vraie banquette, sur laquelle on peut vraiment s'asseoir! Vous parlez d'un cadeau de Noël! Ah, ça valait le coup d'attendre.

Je sens que je vais faire un tour entier de périphérique, rien que pour frimer avec ma banquette arrière complète. Avec des amis assis dessus, qui me diront: « Qu'est-ce qu'elle est chouette, ta banquette arrière! Qu'est-ce qu'on est bien dessus! Ah, ce velours, ce moelleux! » Je jouerai les modestes: mais non, c'est juste une banquette comme une autre. Complète, d'accord, avec tous ses éléments, mais une banquette, quoi. Alors que je serai superfier, jetant des coups d'œil en douce dans le rétroviseur pour jouir de ma banquette arrière.

Je rêve, je rêve. Alors que je ne l'aurai que jeudi, ma banquette.

Mon Dieu, faites que les voleurs de banquette arrière ne la volent pas entre le siège et le garage ! Faites que Citroën ne se soit pas trompé dans les dimensions ! Faites que les sous-traitants ne l'aient pas traitée par-dessus la jambe ! Encore une semaine à attendre. Ma dernière semaine sans banquette arrière. Voilà que j'ai comme un petit coup de nostalgie.

Dans une semaine, j'aurai une voiture qui ressemblera à toutes les voitures. Une voiture banale. Une voiture comme en ont les gens qui ne se sont pas fait voler leur banquette arrière. Alors que la mienne, elle ne ressemble à aucune autre, elle est unique. Elle est snob. C'est une voiture-concept : tout à l'avant, rien à l'arrière. Tu te souviens comment c'était, on se dira avec ma femme, quand on n'avait pas de banquette arrière ? Quand il fallait expliquer aux autres ce qui nous était arrivé ? Quand ils disaient « non ! », « c'est pas vrai ! », « c'est pas possible ! » en ouvrant des yeux ronds ? Ah, elle avait de l'allure, notre voiture. Elle avait toute une histoire. Tandis que là, à partir de jeudi, qu'est-ce qu'on va dire ? « Au fait, vous avez remarqué, on a une banquette arrière ? » Et eux : « Oui, et alors ? Nous aussi, on a une banquette arrière. On a même un volant. Et un moteur. » On aura l'air malin. On sera ridicules.

Mais je raconte n'importe quoi. C'est parce que je n'arrive pas encore à y croire. Six mois à râler tous les jours, à pester contre les voleurs de banquette arrière, à téléphoner à M. et Mme Citroën ! Et d'un seul coup, juste avant Noël, le cadeau que je n'attendais plus. C'est trop beau. C'est trop fort. C'est trop. Je sais bien qu'il n'y a pas que les banquettes arrière dans la vie. Je sais bien qu'il se passe plein de choses dans le monde. Autrement plus graves, autrement plus importantes. Mais l'homme a aussi besoin de banquette arrière. Avec tous ses éléments. Vous verrez, le jour où vous n'en aurez plus.

Le bas en 2003, le haut en 2004

5 janvier 2004

Tel que vous me voyez, je suis moulu, vanné, lessivé. Rien à voir avec les festivités de la fin de l'année. En fait, ce qui m'arrive, c'est que j'ai entrepris de monter une armoire. Pas à l'étage supérieur ni au grenier. Non : j'ai voulu monter une armoire en kit. Achetée par correspondance et livrée en pièces détachées dans deux gros cartons.

C'est la troisième armoire que je monte. Non pas que j'en fasse collection (il y a moins encombrant, si on veut à tout prix collectionner quelque chose). C'est juste que c'est pratique pour ranger les vêtements, quand on manque de placards. Vous voulez que je vous dise ? Les armoires en kit, c'est mortel. J'ai beau lire et relire la notice tranquillement, posément. Étaler sur la moquette tous les éléments, compter soigneusement les vis et les boulons, les bitoniaux et les taquets. À chaque fois, c'est le même scénario : je me plante. Juste après avoir planté les clous. Ce qui fait qu'il faut tout déclouer. Généralement, le plantage intervient vers la fin, quand le chef-d'œuvre est quasiment terminé. Et que je suis tout fier d'en être venu à bout (crois-je). Total : il faut démonter tout ce que je viens de monter. Monter, démonter et remonter : tel est le destin de l'acheteur d'armoires par correspondance. Et croyez-moi : c'est du boulot.

Cette fois-ci, pourtant, je croyais avoir réussi mon coup. L'armoire que je viens d'essayer de monter (et qui a failli avoir ma peau) est en deux parties : un haut et un bas. Un peu comme un buffet à deux corps, voyez. J'ai commencé par le bas. J'y ai mis le temps. Je me suis écrabouillé le pouce. J'ai juré comme un charretier. J'ai sué sang et eau. Mais j'y suis arrivé. Sans avoir besoin de démonter ce que j'avais monté. Non, mesdames et messieurs : du premier coup.

Un bon gros bas d'armoire bien costaud, avec des portes qui coulissent impeccable, bravo l'artiste (c'est moi) ! Ce qui fait que je me suis dit que pour le haut, ce serait pareil. Vu que c'est exactement le même principe de montage. En plus grand. Fatale erreur ! Cet excès de confiance m'a perdu. J'ai attaqué le boulot en sifflotant, répartissant artistiquement les clous, les vis et les boulons de part et d'autre du chantier. Et j'ai commencé à jouer du tournevis et du marteau, rêvant déjà à la belle armoire qui allait, comme par magie, surgir de mes doigts de fée.

C'est au moment où j'ai voulu placer la corniche que j'ai compris le désastre : j'avais tout monté à l'envers. Pas juste un petit peu, pas juste un petit boulon. Non : tout. Ce qui fait que j'ai dû tout dévisser, tout déclouer, tout démonter.

Or, je ne veux pas me vanter, mais je suis un as du vissage. Quand je visse, je visse. C'est du serré costaud. C'est fait pour tenir, pour durer. Ce qui n'est absolument pas prévu, quand je visse comme je visse, c'est que je doive dévisser. Parce que là, bonjour la fracture du poignet ! Arc-bouté sur mon tournevis, j'ai dû forcer comme un malade, au bord de l'infarctus, ahanant et soufflant comme un phoque. Et jurant comme un régiment de charretiers. Finalement, j'y suis arrivé, sans rien me casser. Sans casser le bois non plus. Seulement, après avoir tout démonté, j'ai eu comme un grand vide dans la tête : ce bout-là, je le mets où déjà ?

Et celui-là, en haut ou en bas ? À l'endroit ou à l'envers ? J'étais complètement démonté. J'ai eu beau regarder la notice. Puis mes bouts de bois. Et encore la notice. Et encore les bouts de bois. Impossible de remettre tout ça dans l'ordre. De comprendre la logique du puzzle. Alors je me suis dit que le haut attendrait. J'ai déjà le bas, un beau bas que je ne me lasse pas d'admirer, avec ses portes coulissantes et tout. Le haut, ce sera pour l'année prochaine. C'est-à-dire pour demain (j'écris cette chronique le 31 décembre). J'ai tout laissé en plan : le plan, les vis et les boulons, les bouts de bois, le tournevis et le marteau. Je me suis dit que la nuit porterait conseil (quoique, la nuit du réveillon...). L'année prochaine, tout sera limpide, lumineux. Parfaitement logique. Le bas en 2003, le haut en 2004 ! 2004 est une année pour les hauts d'armoire. Je la sens bien, 2004. L'année prochaine, j'aurai une armoire du tonnerre.

C'est alors que j'ai regardé l'autre armoire. La vieille. Parce que j'ai oublié de vous expliquer : j'ai acheté la nouvelle armoire, avec un haut et un bas, pour remplacer une autre armoire. Que j'avais moi-même montée. Qui a fait bien de l'usage. Mais qui est devenue trop petite. Non pas qu'elle ait rapetissé. Mais c'est le nombre de trucs à mettre dedans qui a augmenté. Bref. Me voilà avec une belle armoire toute neuve. Enfin, pour l'instant, avec un bas d'armoire (le haut, c'est comme si c'était fait). Et la vieille, qu'est-ce que j'en fais ? En fait, j'avais prévu de l'apporter dans un dépôt-vente. Oui, mais comment ? Parce que, je ne sais si vous êtes au courant, mais j'ai une nouvelle banquette arrière. Toute neuve. Bien entendu, je pourrais la démonter. Pour transporter la vieille armoire. Mais démonter une banquette arrière que j'ai attendue pendant six mois, franchement, je n'ai pas le courage. Je ne peux pas lui faire ça. De toute façon, il est hors de question que je démonte ma banquette arrière après avoir monté, démonté, remonté (enfin, j'espère) une armoire achetée par correspondance.

La vieille armoire, je m'en occuperai en 2004. On verra bien. Je trouverai bien une solution. Comme pour le haut de ma nouvelle armoire. C'est fou, tout ce que je vais faire en 2004 !

Le petit Nicolas et l'Élysée en kit

19 janvier 2004

Finalement, la vieille armoire, je l'ai démontée. Après avoir réussi à monter la neuve. Que j'avais montée à l'envers et que j'ai dû démonter. Pour la remonter. J'avais dit : le bas de l'armoire en 2003, le haut en 2004. Eh bien voilà, c'est fait. Comme quoi, moi, je tiens mes promesses. La vieille armoire, ça m'a fait un peu de mal de la démonter. Vu tout le mal que je m'étais donné à la monter, jadis. Mais que faire d'une vieille armoire, trop petite et bringuebalante ? Ça pèse une tonne si on veut la transporter. À supposer, déjà, qu'elle passe par la porte. C'est le piège, avec les meubles en kit. On a intérêt à les monter dans la pièce où ils resteront. À vie. Parce que, parfois, on a des surprises. Une fois monté, le meuble refuse de sortir. Trop grand, trop gros. Et on a l'air drôlement malin. Bref. Une seule solution, pour la vieille armoire : la démonter. Autant je suis imprévisible en montage, autant je suis performant en démontage. En dix minutes, c'était plié. Ça m'a remonté le moral. Comme quoi, je ne suis quand même pas si nul que ça en bricolage.

Si je vous dis ça, c'est parce que je suis vexé. J'ai reçu une longue lettre d'un professeur d'histoire et de géographie des Alpes-de-Haute-Provence, après ma précédente chronique. Voici ce qu'il m'écrit, texto : « Vous et moi n'appartenons-nous pas à l'espèce des intellos pour qui le bricolage aura toujours constitué une quasi-*terra incognita*, alimentant au plus profond de notre être un secret mais vivace complexe d'infériorité ?» Et le professeur d'enfoncer le clou (ouille !) : « N'importe quel bricoleur de supermarché ne l'aurait-il pas montée en trente minutes, votre armoire en kit ?» Justement, je ne suis pas un bricoleur de supermarché. Je n'ai jamais bricolé dans les supermarchés. Je bricole chez moi, loin des regards et des oreilles. Je monte et je démonte en privé. Mon bricolage n'est ni ostensible ni ostentatoire. Ça vaut mieux pour tout le monde.

Cela dit, ce professeur se veut positif. Il m'écrit parce qu'il a un projet. Ce qu'il propose, c'est « l'instauration / restauration des travaux manuels au collège ». Il part de deux constats. Premièrement, un certain nombre d'élèves (c'est lui que je cite, là) sont en difficulté devant un enseignement qui leur paraît souvent trop abstrait. Ils aiment les activités concrètes, mais ne peuvent pas vraiment exprimer leur potentiel dans le cadre d'un enseignement « classique ». Deuxièmement, à l'inverse, pour les élèves plus en phase avec le caractère abstrait de l'enseignement traditionnel, rien dans notre système scolaire actuel ne permet à ces futurs intellectuels de savoir plus tard un peu mieux se servir de leurs mains. « Et je m'inclus dans le lot », précise, modeste et lucide, le professeur. D'où son projet : enseigner, parallèlement à la technologie, de la sixième à la troisième, aux garçons et aux filles, « la cuisine, le repassage, la couture, le jardinage, le bricolage ».

J'applaudis des deux mains (pas trop fort quand même, à cause des ampoules. Le montage et le démontage, ça laisse des traces). J'aurais appris à bricoler à l'école, c'est sûr que je serais moins idiot devant une armoire en kit. Moi, quand j'étais petit, c'était l'instit qui bricolait. Je vous parle des années 1950, une classe unique dans mon petit village. L'instit avait installé juste à côté de la salle de classe, derrière une cloison, son atelier de menuiserie. Tous les matins, il nous donnait notre travail pour la journée. Il nous expliquait ce qu'on avait à faire, comment s'y prendre. Et il allait dans son atelier. On entendait la scie électrique, l'égoïne, le rabot. Ça sentait les copeaux, la sciure, la colle à bois. De temps en temps, il venait voir où on en était. Corrigeait, conseillait. Puis il repartait scier, couper, coller. Il fabriquait, entre autres, nos tables d'écoliers. La classe d'un côté, la menuiserie de l'autre. Résultat : je suis devenu bon élève (il avait de très bonnes méthodes). Et nul en bricolage. Enfin, nul… Faut pas non plus exagérer. Pas plus tard qu'hier, j'ai réussi à monter une tringle à rideaux, j'aurais voulu vous y voir. D'accord, elle s'est écroulée dès que j'ai tiré sur les rideaux. N'empêche : je l'ai bel et bien montée.

Je pense à tout ça quand je vois Nicolas Sarkozy à l'ouvrage. Il est en train de monter un de ces trucs, une machine à devenir président, il m'épate. Il visse, il boulonne, il cogne, il scie, il rabote, c'est fascinant. Tout petit, on a dû lui offrir une petite mallette de bricolage, genre « le pouvoir en kit ». Maintenant qu'il est grand, il passe aux choses sérieuses. On voit bien qu'il a un schéma dans la tête, qu'il applique coûte que coûte. Parfois, je me demande s'il maîtrise bien son truc. S'il a bien lu la notice. C'est tellement complexe, j'ai l'impression qu'il monte à l'envers. Mais non : ça a l'air de tenir le coup. En tout cas, ça ne s'est pas encore cassé la figure. Et lui, Nicolas, ne se démonte pas. Au contraire : il est remonté comme une pendule. Sa machine, elle est programmée pour 2007. À voir ses yeux qui pétillent et son sourire qui remonte jusqu'aux oreilles, il a l'air content comme tout de son bricolage.

Je ne voudrais pas lui casser le moral, mais c'est souvent à la fin, dans la dernière ligne droite, quand on est sûr de toucher au but, que tout s'écroule. Ma tringle à rideaux, par exemple. J'ai pourtant monté tout comme il faut. Alors qu'est-ce qui ne va pas ? Hein, quoi ?

La méchanceté ontologique du cintre

2 février 2004

Il y a un complot dont personne ne parle : c'est celui des cintres. Je suis convaincu qu'ils veulent notre peau. En vérité, le cintre est l'ennemi du genre humain. Ce ne sont pas là paroles en l'air. Encore moins propos de paranoïaque. Si j'accuse le cintre, c'est à la suite de longues années d'observations scientifiques. C'est surtout en raison de douloureuses expériences personnelles. Car, si le cintre en veut à l'humanité, il m'en veut d'abord à moi, personnellement. Le cintre est mon ennemi intime. Passons, si vous le voulez bien, de la théorie à la pratique. C'est le matin. J'ouvre mon placard pour me choisir une chemise, un pantalon. Je tends la main vers les cintres. Une main amicale, m'empressé-je de préciser. Dénuée de toute intention hostile. C'est le signal du branle-bas de combat. Le cintre que je veux prendre s'emmêle avec son voisin de droite. Puis son voisin de gauche. J'essaie de les démêler. Je tire, je secoue. Aussitôt, c'est la mêlée générale. Mon placard n'est plus qu'un champ de bataille. Tous les cintres sont emberlificotés les uns dans les autres, jetant par terre, en un tas informe, chemises et pantalons. C'est pur miracle si j'arrive à sortir mon bras du guet-apens. S'ils pouvaient, ils me mordraient.

Après avoir repris mon souffle, je fais une nouvelle tentative. J'essaie de remettre les chemises et les pantalons sur leurs cintres respectifs. Là, c'est la curée, c'est l'hallali. Les cintres m'attirent à l'intérieur du placard. Ne me demandez pas comment ils s'y prennent. Je me contente d'exposer les faits. Coincé dans le placard, je reçois des coups de cintre dans les yeux, dans le bas du dos, dans l'estomac. J'en sors éborgné, couvert de bleus. Le sadisme du cintre dépasse l'imagination. Le cintre est intrinsèquement pervers. Il est né pour tuer. S'il n'y parvient pas (pas encore), ce n'est vraiment pas sa faute. Il y met un acharnement proprement démoniaque. Simplement, jusqu'ici, j'ai eu de la chance.

Quand, par miracle, j'arrive à en extraire un du placard, je ne suis pas quitte pour autant. Car après l'avoir enlevé, il va falloir le remettre dans le placard. Et donc pousser un peu les autres pour lui faire de la place. Vous pensez bien qu'ils ne vont pas se laisser faire ! Ils s'accrochent les uns aux autres, se mettent de travers, gigotent dans tous les sens, mettent un souk pas possible. Bien entendu, le cintre décroché que je veux raccrocher refuse obstinément d'obtempérer, trouvant mille astuces pour participer à la bagarre. Quand, exténué, au bord de l'infarctus, je referme enfin la porte du placard, je les entends, à l'intérieur, qui chahutent et font la gigue. Faites l'expérience : laissez derrière vous un placard parfaitement rangé, tous les cintres au garde-à-vous ; cinq minutes plus tard, ouvrez la porte à l'improviste : les cintres seront cul par-dessus tête. Ce sont là des faits, parfaitement observables.

Mais le cintre ne se contente pas de m'empoisonner la vie chez moi, à domicile. Il adore sévir en public, me ridiculiser devant tout le monde. Je veux parler, bien entendu, des magasins de vêtements. Où les pantalons, les chemises, les blousons, les manteaux sont accrochés à des cintres, suspendus à des portants. Il suffit que je m'approche, que je saisisse un seul cintre, pour vérifier la taille ou le prix, pour que tout se déglingue. Instantanément, tous les cintres s'emberlificotent, les chemises, les pantalons, les blousons, les manteaux glissent et tombent. Si je me baisse pour les ramasser, j'accroche ceux du portant d'à côté, qui s'entraînent les uns les autres dans une chute aussi fatale qu'apocalyptique. Je suis rouge de honte et de confusion, les vendeuses me fusillent du regard, les autres clients se poussent du coude en rigolant. Les cintres ont gagné. Ils m'ont humilié en public. Je suis sûr que dans les grands magasins je suis sur liste noire : l'homme qui fait choir les cintres. Alors que c'est moi que les cintres font déchoir. Pierre Desproges avait vu juste : dans l'un de ses sketchs les plus métaphysiques, il avait démasqué la méchanceté ontologique des cintres. Lui aussi parlait d'expérience. Mais on ne l'a pas écouté. On a laissé sévir les cintres. Et voilà pourquoi ils auront notre peau.

Le pire, c'est qu'ils déteignent sur nous. Comme quoi le cintre est contagieux. Regardez comme certains ont l'art de tout emberlificoter, de tout emmêler. Vous les mettez autour d'une table, sur un plateau de télévision. Au bout d'une demi-heure, c'est comme une bataille de cintres au fond d'un placard. Tout sens dessus dessous. Je vais en nommer quatre : Dominique Voynet, François Bayrou, Jacques Barrot, Julien Dray. Réunis par Arlette Chabot, à « Mots croisés », pour parler de la loi sur le voile. Je ne dis pas que c'est simple. Si ça l'était, ça se saurait. Mais, enfin, c'est justement pour ça qu'ils sont là, pour qu'à la fin du débat on y voie un peu plus clair. Résultat : un invraisemblable embrouillamini, chacun s'ingéniant à compliquer encore davantage les données du débat. Qu'ils soient d'accord ou non pour voter la loi n'a aucune importance : ils se font tellement de nœuds dans le raisonnement qu'on n'est même pas sûr d'avoir compris avec quoi ils sont d'accord et encore moins pour quelles raisons ils seraient éventuellement d'accord ou pas avec ceux qui seraient en désaccord avec les partisans d'on ne sait trop quoi. Plus personne ne peut plus démêler quoi que ce soit. On appelle ça une situation inextricable. C'est la victoire des cintres.

La preuve par la chaussette

8 mars 2004

L'affaire se complique. Celle des cintres, évidemment. Commençons par répondre à un lecteur belge, qui m'écrit de Bruxelles. Il ne comprend pas ce que je veux dire par « méchanceté ontologique du cintre ». Visiblement, ce n'est pas le mot « méchanceté » qui lui pose problème. Mais bel et bien « ontologique ». Je veux simplement dire, cher lecteur bruxellois, que le cintre est méchant dans son être même. Il ne le devient pas. Il l'est. Tout petit déjà, le cintre est animé, obsédé, dévoré par la méchanceté. Il est méchant par nature. Pour prendre un exemple, le hareng n'est pas ontologiquement saur, pas plus que la sardine n'est ontologiquement à l'huile. Le hareng frais, la sardine fraîche : voilà une option tout à fait possible dans leur destin de poisson. Le cintre, lui, naît, vit et meurt méchant. Accessoirement, il me rend méchant. Ce qui n'est nullement dans ma nature.

Passons maintenant à une controverse autrement subtile et complexe, soulevée par une lectrice (qui ne me dit pas d'où elle écrit). Elle m'assure avoir eu « une illumination, comme une minuscule épiphanie », à la lecture de mon exposé scientifique (et dûment documenté) sur les cintres. Elle va jusqu'à avancer qu'elle a, je cite, « la clé du problème ». Je poursuis, haletant, la lecture de sa lettre. La clé du problème des cintres ! Je vous sens, vous aussi, fébriles : vite, la vérité ! Foin de suspense : laissons-lui la parole. « Chaque matin, j'explore ma penderie. Elle contient les cintres à chemisier, ceux à chandail ou à gilet, à manteau, à imper, à veste, à spencer, à jupe longue et / ou jupe courte, à pantalon et à corsaire, plus le tourniquet porte-ceintures, frère quasi jumeau du porte-cravates. Aux ordres, tous. Fermement accrochés au portant. Nickel chrome. » Que de cintres, que de cintres, me dis-je in petto. Et tous parfaitement rangés ! Sages comme des images ! Quel est donc son secret ? Continuons : « Pour en avoir le cœur vraiment net, j'ai enquêté auprès de mes consœurs. Résultat : 99 % des femmes interrogées n'ont aucun problème. Le 1 % restant était absent au moment de l'enquête. »

Où veut-elle donc en venir, cette lectrice scrupuleuse, dont la conscience professionnelle fait mon admiration ? À cette conclusion, que vous pressentez déjà : « Je pense fermement qu'il s'agit [elle parle du sadisme des cintres] d'une sorte d'apanage du mâle humain. » En clair : les cintres n'en veulent qu'aux hommes. Les femmes, elles, n'ont aucun problème avec eux. Elles s'en font obéir au doigt et à l'œil. Je sens qu'il ne faudrait pas beaucoup la solliciter pour qu'elle soit encore plus précise : les hommes sont congénitalement (ontologiquement, cher lecteur bruxellois) maladroits et bordéliques. Ils sont incapables d'ouvrir une porte de placard pour saisir un cintre sans tout foutre en l'air, sans provoquer l'apocalypse. Ce qui aboutirait à innocenter totalement les cintres. Que j'entends déjà ricaner dans mon placard en se poussant du coude. (« Bien fait pour lui ! Ça lui apprendra à dire du mal de nous ! ») Pis : non seulement les cintres seraient blancs comme neige, mais les hommes, eux, seraient coupables de mauvais traitements à leur égard, en s'emberlificotant dedans, en les faisant tomber les uns sur les autres (ouille ! aïe !). Les récents progrès de la science nous ont appris que les hommes viennent de

Mars et les femmes de Vénus. Voilà maintenant que les hommes sont nuls en cintres et les femmes agrégées en penderies. Si la théorie de cette lectrice est vraie, j'espère que les psychologues, sociologues et anthropologues sauront l'apprécier à sa juste valeur.

Mais voilà : est-elle vraie ? Ce n'est pas pour me défiler, mais je vais lâchement m'abriter derrière le témoignage d'une autre lectrice. Comme quoi ce sexualisme cintré n'est peut-être pas aussi béton qu'il en a l'air. Non seulement cette lectrice abonde dans mon sens, mais elle surabonde : « Vous avez éludé une partie du problème : les cintres momentanément hors service. Seriez-vous parvenus à les ranger ? Comment ? Dans quoi ? Moi, j'ai tout essayé, et si j'en veux un, j'en prends 20 sur les pieds. » Ah ! Vous voyez ! Elle en prend 20 sur les pieds ! Des cintres qui ne sont même pas en service ! Qui ne portent ni jupe, ni chemisier, ni spencer, ni chandail, ni gilet, ni manteau, ni imper, ni pantalon, ni corsaire ! Si ce n'est pas de la méchanceté pure, qu'est-ce que c'est ? Et c'est une femme qui le dit ! Qui en fait tous les jours l'expérience ! À l'évidence, elle ne fait pas partie de l'échantillon sondé par sa consœur. Croyez bien que je ne reproduis son témoignage que par souci de rigueur scientifique (on fait moins les malins, hein, les cintres ?).

Je garde pour la fin l'argument décisif. Osons même : massue. Les hommes auraient moins d'ordre que les femmes, lesquelles n'auraient aucun problème de rangement ? Allons donc ! Quittons une seconde les cintres. Et parlons des chaussettes. Voici ce que m'écrit une lectrice de Vincennes : « Je suis une dame de 84 ans, qui est persécutée par ses chaussettes. Pour mon confort, je dors avec des chaussettes de laine. Et tous les jours que Dieu fait, j'en perds une. J'ai beau la chercher sous mon lit, dans mes vêtements de nuit. Rien à faire : je dois me résigner à dormir avec des chaussettes dépareillées. Aussi suis-je de tout cœur avec vous, qui avez du fil à retordre avec ces objets que l'on dit inanimés. »

Qu'ajouter de plus ? La preuve par la chaussette est irréfutable. Nous vivons dans un monde où les chaussettes n'obéissent ni aux hommes ni aux femmes. Il est de mon devoir d'en informer le lecteur.

Cramé de chez cramé

26 avril 2004

Ce matin-là, quand j'ai tourné la clé de contact pour démarrer la voiture, j'ai entendu un grand silence. J'ai tourné une nouvelle fois. Rien. Absolument rien. Pas le moindre petit bruit de moteur. Pas la moindre lumière, non plus, sur le tableau de bord. Le diagnostic était facile, même pour moi : plus de batterie. Instinctivement, j'ai vérifié le bitoniau des phares, à gauche du volant. *Damned!* J'avais oublié de les éteindre la veille au soir. Au moins, je savais pourquoi je n'avais plus de batterie. C'était rassurant, en un sens.

J'ai appelé un copain, qui habite juste à côté. Je lui ai demandé si, par hasard, il n'aurait pas un jeu de câbles avec pinces et tout le bataclan, rapport à ma batterie. Il en avait. Et, tant qu'on y était, est-ce qu'il n'aurait pas une minute pour venir me dépanner ? Il l'avait. Bénis soient les copains. Peu de temps après, il arrivait. Il a garé sa voiture à côté de la mienne, on a soulevé nos deux capots, il a sorti les câbles et tout le bataclan. Il pleuvait à verse. Je lui ai demandé si, à sa connaissance, c'était ou non dangereux de bricoler avec des pinces accrochées à des batteries sous la pluie. Il m'a dit qu'il n'en avait pas la moindre idée. On s'est regardés. Et on a décidé de risquer le coup. On verrait bien si on se faisait électrocuter. Il a démarré sa voiture. On a branché les pinces sur nos deux batteries. J'ai mis le contact. Bingo ! Le moteur s'est mis à ronronner. Pas de court-circuit ni rien. On s'en est sortis vivants.

Là-dessus, je suis passé dans la cuisine. Je venais de faire marcher le lave-vaisselle. Je l'avais éteint. Je me préparais à le vider. Soudain, j'entends un bruit d'enfer. Tchernobyl trente secondes avant l'explosion. Je me demande d'où ça peut venir. Four ? Réfrigérateur ? Chaudière ? Que non, que non. J'ouvre la porte du lave-vaisselle : c'est bel et bien de là que ça vient. Or il est arrêté. Qu'est-ce que c'est que cette histoire ? Avant que ça n'explose, vite, je débranche le fil. Ouf. Plus de bruit. Reste la question : qu'est-ce qui lui a pris, à ce taré de lave-vaisselle ? Il est tout neuf. Je ne lui ai jamais rien fait. Qu'est-ce qui ne va pas ? J'appelle le plombier qui l'a installé. Qui me dit qu'il faut que j'appelle le service après-vente. Qui me donne le nom d'un réparateur agréé. Que j'appelle. Et qui sera là, me dit-il, dès le lendemain.

Le lendemain, il est là. Avec sa mallette pleine de pinces, de clés, de tournevis. « Alors comme ça, qu'est-ce qu'il a, votre lave-vaisselle ? » Je lui explique. Il le rebranche. Ça refait le même bruit d'enfer. « Tiens, c'est curieux », il dit. Je suis bien d'accord. Surtout un lave-vaisselle à qui je n'ai rien fait. « Bon, on va regarder ça. » Il sort un tournevis. Dévisse. Démonte. Défait. Bricole. « Tiens, c'est curieux, il redit. On dirait que vous avez une fuite d'eau. Or vous n'avez pas de fuite d'eau. » Ce n'est tout de même pas ma faute ! « Bon, on va tout démonter derrière. »

Il débranche. Fouille dans les entrailles avec son tournevis, y met la main entière. La ressort avec un bitoniau. Démonte le bitoniau. En ressort un autre bitoniau. Complètement cramé. « Et voilà ! Vous avez vu ? » Oui, j'ai vu. Cramé de chez cramé. « Et voilà ! » il répète. Je me risque à lui poser la question à 100 000 dollars : « Et vous savez pourquoi ça a cramé ? » Il me regarde. « Un faux contact. » Ah. Je pose la question à 200 000 dollars : « Et ça peut recommencer ? » Il regarde le bitoniau. « Comment savoir ? » On est là tous les deux, à regarder le bitoniau cramé. En plein vertige métaphysique. « Bon. Il faut que je change la pièce. Mais je n'en ai pas. Je vais vous la commander. Comptez une semaine. Ou deux. En attendant, je vais vous faire un petit bricolage. Ça devrait tenir. De toute façon, on va essayer. » Il reprend son tournevis. Bricole dans les circuits. Rebranche la prise. Revisse tous les bidules et les machins. Et appuie sur le bouton. « Allez, on va bien voir. » Je retiens mon souffle. Ça marche. On attend un petit peu. Ça marche toujours. « Vous voyez ? Évidemment, il faudra faire attention. » Évidemment. « Allez, au revoir ! » Au revoir. Et merci. Infiniment.

Le soir, je reçois un copain (pas le même, un autre). Je lui raconte mon histoire. Il me dit que ça ne l'étonne pas du tout. Pour la bonne raison qu'il lui est arrivé la même chose. En pire. Son lave-vaisselle s'est mis à fumer, à sentir le brûlé. Vite, il a appelé les pompiers. Quand ils l'ont ouvert, des flammes en sont sorties. Depuis, il s'est renseigné. Il a appris, me dit-il, que la principale cause d'incendie, dans les appartements, c'est le lave-vaisselle. Une vraie bombe à retardement. « Surtout, insiste-t-il, ne pars jamais après l'avoir mis en marche ! Reste jusqu'au bout ! Surveille-le ! » Comme quoi les lave-vaisselle sont vraiment des tarés.

Ça m'a rappelé un été, dans une maison de vacances. Dès qu'on lançait le lave-vaisselle, l'électricité disjonctait. On remettait le courant. Le lave-vaisselle repartait. Mais, le lendemain, ça redisjonctait. J'ai fini par appeler un plombier-électricien. Il a dévissé, démonté, bricolé. « Un faux contact », il m'a dit. Ah. « Et vous savez pourquoi ? » il a ajouté. J'ai retenu mon souffle. « Regardez : il y a une araignée dans la prise. » C'était vrai. Il y avait bel et bien une araignée. Cramée de chez cramée.

Tel est le destin de l'homme : suspendu aux lubies d'un lave-vaisselle caractériel et d'une araignée suicidaire. Et je n'ai encore rien dit des lave-linge, des fours, des fers à repasser, des rasoirs électriques. Vous voulez que je vous dise ? Nous sommes des miraculés.

Le cauchemar du chou farci

14 juin 2004

Qu'est-ce qui fait la grandeur de la France ? La cravate. Telle est la morale de la fable complaisamment contée par les journaux télévisés, à l'occasion du tout récent G8. Plantons d'abord le décor. Nous sommes à Sea Island, en Géorgie (États-Unis d'Amérique). C'est George W. Bush qui reçoit. Les uns après les autres, les chefs d'État ou de gouvernement arrivent, à travers un grand parc, jusqu'à la maison qui abritera leurs discussions. Ils suivent l'exemple donné par le maître des lieux : ils débarquent au volant d'une de ces ridicules voiturettes de golf, le col de chemise largement ouvert, pour faire moderne, jeune, décontracté. Tous – sauf Jacques Chirac. Qui soigne son apparition. D'abord, il arrive le dernier. Ensuite, il arrive à pied. Enfin, il arrive en costume. Avec une cravate. Et cette cravate, visiblement, bouleverse, épate, séduit les journalistes français (dûment briefés, je le soupçonne, par quelque habile conseiller du président sur l'importance de la chose).

À les entendre, en arborant spectaculairement cette cravate, Jacques Chirac affiche sa résistance à l'ordre yankee. La cravate est un signe ostensible, ostentatoire de dissidence. Et c'est ainsi que la France est grande. George W., en le voyant entrer ainsi cravaté, a dû être pétrifié. Et les autres, autour de lui, ont compris qu'ils n'étaient que des nains. La France porte une cravate. Elle ne se laisse pas aller. Elle a de la tenue. Au milieu de l'avachissement général, la France garde son rang. C'est beau comme un vitrail à l'ancienne. Saint Louis rendait la justice sous un chêne. Jacques Chirac, à pied, en costume, en cravate, porte haut le prestige de la France dans l'antre même de l'impérialisme. Sonnez buccins, résonnez trompettes ! La France ne roule pas dans des voitures de golf, la France n'est pas débraillée. La France est la France. Et réciproquement. Et Jacques Chirac est Jacques Chirac (idem).

Voilà qui, visiblement, n'impressionne pas celui qui rêve d'être Chirac à la place de Chirac, j'ai nommé Nicolas Sarkozy. Il est tellement persuadé qu'il est le meilleur, le plus doué, le plus talentueux, le plus compétent, le plus efficace, bref, le plus fait pour être président, qu'il s'est laissé aller, dans l'avion qui le ramenait d'Alger, à cette confidence décapante : « Si j'étais secrétaire d'État aux Choux farcis, je me passionnerais aussi et vous entendriez parler des choux farcis. » Tel est l'enjeu du débat, telle est la hauteur à laquelle il se situe : porter la cravate. Ou s'occuper des choux farcis. À cette altitude, l'air se fait rare. Il faut avoir du souffle. L'un comme l'autre n'en manquent pas.

Cela dit, j'aimerais faire passer un message à Nicolas Sarkozy, l'homme qui se vante de pouvoir faire des choux farcis une cause nationale, voire mondiale. J'ai horreur du chou. Sous toutes ses formes. Farci ou pas. En soupe. À la béchamel. À la vinaigrette. Avec du lard. De la mayonnaise. En lamelles. En filaments. En purée. Qu'il soit vert, rouge, pommé, de Bruxelles. Frais, congelé, en conserve. Ma détestation du chou inclut les brocolis, les choux-fleurs. Et toute sorte de chou passée, présente et à venir. Occidentale ou orientale. Sous toutes les latitudes. Pour les siècles des siècles. Amen. Et voilà où je voulais en venir : le pire, c'est qu'il a raison, Sarkozy. Connaissant l'animal, je suis sûr que, s'il devenait secrétaire d'État aux Choux farcis, il n'y en aurait plus que pour les choux farcis, on ne parlerait plus que des choux farcis. Il y aurait des heures et des heures de débat à la télé sur le chou farci. Il y aurait des commissions parlementaires, des projets de loi, des rafales de décrets sur le chou farci. Les magazines féminins seraient remplis de recettes de choux farcis. Jean-Pierre Coffe nous bassinerait avec les choux farcis. Les cartes de restaurant proposeraient des choux farcis en entrée, en plat, en dessert. Peut-être même en fromage. À la cantine, les enfants mangeraient du chou farci à tous les repas. La traditionnelle fête du muguet serait remplacée par le jour du chou farci. Des livres, des films, des pièces de théâtre, des comédies musicales célébreraient le chou farci. Jean-Luc Delarue, Évelyne Thomas, Mireille Dumas se disputeraient les adorateurs du chou farci. TF1 lancerait une émission de téléréalité dédiée au chou farci (le gagnant se verrait offrir une tonne de choux farcis). En un mot comme en cent : la vie serait un enfer. La mienne, en tout cas. Je serais obligé de demander l'asile politique à un pays non contaminé par le chou. S'il en existe.

C'est dire si je prends Sarkozy au sérieux. Si je ne doute pas un instant de ses capacités. Voilà pourquoi je l'adjure d'oublier le chou farci. S'il te plaît, Nicolas, laisse tomber le chou farci ! Je suis sûr que Cécilia en prépare d'excellents. Mange-les en famille, tranquillement. Mais ne me gâche pas la vie avec les choux farcis. Si tu tiens vraiment à donner toute ta mesure, loin des hautes sphères de la grande politique, j'ai une idée pour toi : les cintres. Le chou farci n'a absolument pas besoin d'un secrétaire d'État. Le cintre, si. Plus exactement : l'utilisateur de cintres. Soit tout le monde. Le cintre est une cause nationale. Le cintre relève de l'extrême urgence. Le cintre est scandaleusement sous-estimé. Ses dangers, je veux dire. Raffarin n'a pas voulu de moi comme secrétaire d'État aux Cintres. Tant pis. Mais voici que se présente une occasion historique : laisse tomber le chou farci, Nicolas ! Occupe-toi des cintres ! Les millions de victimes des cintres te seront éternellement reconnaissantes. En 2007, tu seras élu dans un fauteuil, Nicolas. Tu pourras, toi aussi, défendre le prestige de la France, snober les voiturettes de golf et les chemises ouvertes avec ta belle cravate. Et n'oublie pas que les porte-cravates sont aussi vicieux que les cintres. Ce serait trop bête de te faire tuer par un porte-cravates le jour de ton entrée à l'Élysée, hein, Nicolas ? Comme quoi nos intérêts convergent. Avec l'efficacité qui est la tienne, j'en suis sûr, les cintres vont se tenir à carreau. La paix régnera dans les placards.

Saint Nicolas terrassant les cintres en cravate : quel beau vitrail !

Actualité brûlante
17 juillet 2004

Retrouver une maison de campagne, c'est, aussi, retrouver de vieux journaux. À Paris, les journaux, je les jette systématiquement, après un délai de décence raisonnable. C'est ça, ou l'envahissement inexorable. J'ai connu un ami (journaliste) qui n'arrivait pas à jeter ses vieux *Monde*. « Ça peut toujours servir », répétait-il comme un mantra. Ça ne lui a jamais servi à rien. Mais il ne pouvait même plus circuler dans son appartement : des piles et des piles de vieux *Monde* encombraient le plancher, montant jusqu'au plafond. Il a fini par vendre sa collection à un collectionneur encore plus fou que lui. Ainsi a-t-il évité l'asphyxie programmée, pressé de tous côtés par la presse. Donc, les journaux : à la poubelle.

À la campagne, c'est différent. Je jette la plupart. Mais j'en garde quelques-uns, que j'entasse dans un vieux panier. Non pas par fétichisme. Mais, beaucoup plus prosaïquement, pour allumer le feu dans la cheminée. Tel est le destin de la presse : finir en papier recyclé ou permettre à l'homme de se réchauffer. Cette réserve de vieux journaux millésimés est une sage précaution. Sinon, on est obligé de sacrifier le journal du jour. Ce qui est tout de même un peu brutal. Donc, j'en mets rituellement quelques-uns de côté. Que je suis bien content de retrouver quand, mes valises à peine posées, je rêve d'un grand bon feu dans la cheminée (en vérité, je n'en rêve pas tant que ça, tellement, du rêve à la réalité, le chemin est ardu : le petit bois, les bûches, le papier, les allumettes, le tisonnier, le soufflet, tout ça pour voir mourir le feu à petit feu). Bref.

L'autre dimanche, à peine arrivé de Paris, j'aime l'idée d'un grand bon feu. Je sais ce que vous allez me dire : on est en plein mois de juillet, faire du feu dans la cheminée ne s'impose peut-être pas. Je vous signale que le dimanche 11 juillet, il faisait 15 °C à tout casser. Il pleuvait. On se les gelait. D'où l'idée du feu. Juillet ou pas, été ou pas. De toute façon, l'été a été. Il n'est plus. On n'en a plus que le souvenir. Tu te rappelles comment c'était, l'été ? À moins d'un sursaut d'ici à la fin de la semaine. Tout peut arriver. Y compris l'été en été.

Donc, je fouille dans mon vieux panier. Et j'exhume de vieux journaux. Pour faire mon feu. Seulement, au lieu de les froisser, page par page, je me mets à les lire. Des journaux un peu crasseux, un peu humides, mais parfaitement lisibles. Quel drôle de voyage, soudain. Voyage dans le temps, voyage en soi. Ce ne sont pas des journaux qui datent de Mathusalem. Juste un ou deux ans. Mais c'est assez pour être saisi d'une étrange mélancolie. Le passage du temps, bien sûr : eh oui, on a vieilli ! Tous ces événements, importantissimes ou microscopiques, on a l'impression qu'ils remontent à des années-lumière. Le quotidien est une machine à fabriquer de l'éphémère. S'y replonger, c'est retrouver la poussière des jours enfuis. Chaque jour, cette avidité à lire le journal. Chaque jour, cet oubli du jour d'avant. Et les jours s'accumulent. Et les jours s'enfuient. Et on vieillit.

Il y a, surtout, le sentiment de l'irrémédiable, de l'irréparable. Cette une du *Monde*, par exemple, en date du 14 février 2003 : « Irak : les États-Unis veulent plus que jamais la guerre ». Et, en pages intérieures : « Pro- et anti-guerre se préparent à une bataille décisive à l'ONU». Cela paraît tellement loin. La guerre a eu lieu. Le monde a basculé. On n'imagine même plus qu'il y a eu une avant-guerre. Qu'on aurait pu éviter cette guerre. On a du mal à relire ces articles, à se rappeler ce grand show de Colin Powell à l'ONU sur les armes de destruction massive. Quelle dérision! Quelle pitié, surtout.

Plus loin encore dans le temps, la une de *Libération*, le 28 décembre 2002: «Les raéliens affirment qu'un premier bébé cloné est né». Voilà une histoire que j'avais complètement zappée. Et, pourtant, qu'est-ce qu'on a pu en parler! Ça nous a occupés pendant des jours et des jours. Ève, le premier bébé cloné. Tribunes, éditoriaux, mises en garde, pétitions. Vous vous en souvenez, vous? Raël et son clone. Voilà, c'est ça, l'actualité: ça mousse, ça gonfle. Et pschitt!, ça se volatilise, ça s'évapore. On passe à autre chose. À une autre mousse. À un autre pschitt.

Le Monde, 27 décembre 2002: «L'affaire Sofri provoque un nouveau débat sur la justice italienne». Sofri? Adriano Sofri, ancien dirigeant d'extrême gauche, emprisonné depuis six ans à Pise. Condamné sur les seuls aveux d'un repenti. Et que Berlusconi (eh oui!) envisageait alors de gracier. Aujourd'hui, c'est l'affaire Battisti qui divise l'opinion, en France et en Italie. Sofri-Battisti: étrange écho, étrange résonance. Mais qui se souvient de Sofri? De son sort?

Et puis ce titre, dans *Le Journal du dimanche* du 3 février 2003, qui me met en joie: «Serge Lama: "Je suis un mystique charnel"». Ça, c'est une révélation! Il fallait, de toute urgence, que la France entière le sache. Oyez, oyez: Serge Lama est un mystique charnel. Ah ben ça alors! Si je m'attendais! J'en reviens pas, dis donc. Un mystique charnel! Sûr que ça change tout. Dites, on en fait combien chaque année, des titres comme ça? Aussi péremptoires, aussi indispensables, aussi dérisoires...

Finalement, tout ça a fait un grand bon feu. J'ai regardé brûler les gros titres, les photos, se recroqueviller les guillemets, les points d'exclamation, s'enflammer les révélations. Tout cet éphémère. Tous ces jours, jour après jour. Demain matin, j'irai acheter le journal. Je me plongerai dedans avec délice. Dans un an, dans deux ans, il brûlera à son tour. Tel est le dur destin de ce qu'on appelle si bien l'actualité brûlante.

Le tas dans tous ses états

31 juillet 2004

Mon ami Gilbert a une théorie : c'est la théorie du tas. Quand il y a un chantier chez toi, m'explique-t-il, surtout ne laisse jamais quelqu'un commencer un tas. Parce que après, c'est foutu. Tout le monde va se mettre à jeter des trucs sur le tas. Et, à la fin du chantier, tu te retrouveras avec un tas monstrueux. Au départ, ça peut être juste une bricole, un sac de ciment vide qu'un ouvrier va jeter là, dans un coin. L'autre ouvrier, voyant que quelqu'un a commencé à jeter des saletés, va y balancer des bouts de ferraille. Puis, le premier, des vieux chiffons. Des canettes de bière. Des boîtes en plastique. Des pots de peinture. Et ainsi de suite. Cette loi inexorable obéit à deux axiomes. Un : le tas appelle le tas. Deux : petit tas deviendra grand. Le voisin, passant par là, voyant qu'il y a un tas, viendra subrepticement, à la nuit tombée, y jeter ses saloperies. Tant il est vrai que nul ne peut résister à l'appel du tas. À la fin, on se retrouve avec une montagne.

Bien entendu, quand le chantier sera fini, tout le monde oubliera le tas. Les ouvriers partiront sans un regard pour lui, feignant de n'y être pour rien. Allant, ailleurs, faire un autre tas. Et tu te retrouves avec un gros tas dans ton jardin. Un tas pour toi tout seul. Dont personne n'est responsable. Et auquel tout le monde aura collaboré. Le raisonnement du faiseur de tas est basique : si quelqu'un a jeté des saletés ici, je ne vois pas pourquoi je ne ferais pas la même chose. Voilà pourquoi, conclut mon ami Gilbert, il faut être hypervigilant. Au premier signe de début de tas, il faut immédiatement intervenir. Sinon, c'est foutu.

J'aime beaucoup la théorie de Gilbert (qui, d'ailleurs, à l'heure où je vous parle, surveille du coin de l'œil des gars qui sont en train de lui monter une véranda). J'y vois l'amorce d'une vaste réflexion politico-sociologico-médiatico-philosophique sur le tas. Sur les dégâts du tas. Je pose la question : qu'est-ce que la désormais célèbre affaire du RER D [1], sinon un gros tas ? Tout commence par un début de tas : une dépêche de l'AFP. Là-dessus, les politiques, apprenant que quelqu'un a démarré un tas, y vont de leurs tonitruantes déclarations. Ça fait monter le tas, d'un coup. Aussitôt, les médias, voyant ce gros tas, s'empressent de l'alimenter : si ce tas existe, pensent-ils, c'est qu'il y a une raison. Et que je te brouette, et que je te jette, et que je te dépose. Tous ceux qui passent par là profitent de l'occasion.

À la fin, on a un tas monstrueux, fait de superpositions de tas, tout ça s'empile et s'accumule, un boulot en or pour un géologue qui irait fouiller dans le tas, en expertiser les différentes couches. On en apprendrait de belles sur nous. C'est fou, tout ce qu'on met dans un tas. Tout ce que ça révèle. C'est du vrac venu d'un peu partout, jeté là sans trop réfléchir, juste pour faire monter le tas. Pour être dans le tas. Parce que telle est l'obsession du faiseur de tas : il faut en être. Pas question de passer à côté. Vite, jetons nos mots à grandes charretées, pour faire monter le tas, baptisé « fait de société ». Et c'est ainsi que grossissent les tas. Celui du RER D est le dernier en date (à l'heure où j'écris). Mais on n'arrête pas de faire des tas, ici, là-bas, partout. On va d'affaire en affaire, de fait de société en fait de société. Tout le monde a

1. Une fausse agression antisémite (note de 2008).

quelque chose à mettre sur le tas. Ça monte, ça enfle, ça devient incontrôlable, ça s'échappe de partout, y compris des trucs pas ragoûtants du tout, on n'imagine pas les ordures qu'on peut jeter sur les tas.

Et puis, soudain, on laisse tomber le tas. On l'abandonne là, dans son coin. Pour aller en faire un autre, ailleurs. Quelqu'un, quelque part, en a démarré un. Vite, tous au tas! Un tas nettement plus prometteur. Ainsi vont les médias: de tas en tas. Parce qu'il ne sert à rien de tourner autour du pot: les médias sont les champions du monde en fabrication de tas. Sans médias, pas de tas. Tous les soirs, au JT, la télé démarre des tas. La télé a l'art de faire des tas comme personne. Des pelletées d'émotion, d'indignation, de prétendues révélations. Les radios embrayent. Les journaux, les magazines en rajoutent des tombereaux. Tout le monde est sur le tas.

Après, quand le tas est encombrant, quand on cherche qui l'a fait, il n'y a plus personne. C'est la faute à tout le monde. Sauf aux médias. Qui, bien entendu, n'ont fait que leur travail: rendre compte des tas. De toute façon, les médias ont autre chose à faire que de s'occuper des vieux tas abandonnés; d'autres tas les appellent. Parfois, ils veulent bien admettre, quand le cas du tas est vraiment trop flagrant, qu'ils y sont peut-être, éventuellement, à la rigueur, pour quelque chose. Mais c'est pour aussitôt pointer du doigt les vrais, les seuls responsables: les politiques, les policiers, le gars qui passait par là, n'importe qui. Sauf eux. J'attends le jour où un média dira franchement, sans se défiler, sans barguigner: les tas, c'est moi. À mon avis, ce n'est pas demain la veille.

Maintenant, je voudrais, au bas de cette page, déposer un petit caillou. Un minuscule petit caillou, qui ne fera jamais un tas, à la mémoire d'un homme à qui je dois tout, Charles Blanchet. Je viens d'apprendre sa mort. Charles Blanchet fut mon professeur de philosophie, en terminale, au lycée des Cordeliers, à Dinan, en 1963-1964. J'avais 17 ans. Le rencontrer, l'avoir comme professeur, fut sans doute la plus grande chance de ma vie. Il m'a fait comprendre que je ne savais rien. Il m'a appris le doute, l'esprit critique. Mais aussi l'engagement, l'enthousiasme. Il m'a appris la liberté. Et la responsabilité. Il m'a ouvert le monde. Il m'a donné la passion de la vie. L'horreur de l'hypocrisie. C'était un démolisseur de tas. Merci, Charles Blanchet. Merci.

Zéro est arrivé...

7 août 2004

Le bureau juste à côté du mien est un lieu hautement stratégique : il abrite le PC opérationnel de toute l'informatique du journal. C'est bourré d'ordinateurs, de toute sorte et de toute taille, avec des loupiotes qui brillent ou qui clignotent, des câbles, des prises, des jacks, tout un barda de machines qui ronronnent, on se croirait à cap Canaveral. Sur ce saint des saints de la technologie moderne règne un grand prêtre, Philippe, qui, seul d'entre nous, maîtrise tous les secrets de cette machinerie obscure. Enfin, obscure pour la plupart d'entre nous, qui ferions volontiers nôtre cette phrase de Jean Cocteau : « Ces mystères nous dépassent, feignons d'en être l'organisateur. » On fait tous les malins avec nos giga et nos octets, mais vient un moment où on est obligé de reconnaître qu'on n'y comprend strictement rien.

Ce moment, c'est quand l'ordinateur refuse obstinément d'obéir, malgré les coups de poing et les coups de pied qu'on lui balance dans le buffet. L'ultime recours, alors, c'est Philippe, grand mécanicien, chirurgien en chef, qui opère à cœur et cerveau ouverts tout ce qui ressemble à un ordinateur. Régulièrement, par la vitre qui sépare mon bureau de son sanctuaire, je vois arriver l'un ou l'autre de mes collègues, complètement abattu ou au bord de l'apoplexie, suppliant Philippe de remettre en route cette machine débile qui n'en fait qu'à sa tête. Loin de moi l'idée de ricaner : ce serait l'hôpital qui se moquerait de la charité. Je sors en effet tout juste de son bureau, pour lui soumettre un problème tout simplement kafkaïen, comme quoi, depuis que j'ai l'ADSL à Paris, je n'arrive plus à avoir de connexion Internet à la campagne. Deux longs symposiums téléphoniques avec des techniciens de Wanadoo n'y ont rien fait : pas plus de connexion au bout du clic que de modestie chez Sarkozy.

Donc, aussitôt revenu à Paris, me voilà dans la salle des machines, déposant entre les mains expertes de Philippe mon portable rétif. J'expose mon problème. Philippe se met à cliquer tous azimuts, dans des endroits où je ne me hasarde jamais, de peur de tout faire péter. Au bout d'un moment, il me montre sur l'écran un numéro de téléphone : celui qu'appelle le modem quand je ne me sers pas de l'ADSL. Numéro que j'avais moi-même tapé, sous la dictée du technicien de Wanadoo. « Et voilà ! il me dit. Regarde : au lieu de trois zéros, tu as tapé trois O ! » Attention, c'est subtil. Quand je dis O, je veux parler de la lettre O. Et non pas du chiffre 0. Comme ça, regardez : O au lieu de 0. Vous voyez la nuance ? Le chiffre 0 est un poil plus étroit que la lettre O. Ça ne se voit pas du premier coup d'œil. Pour un gars dans mon genre, en tout cas, astigmate, presbyte et myope. Eh bien, pour l'ordinateur, ça change tout. Tu tapes trois O, il voit trois O, point final. Il n'est même pas capable de comprendre que trois O au milieu d'une tripotée de chiffres, ça veut forcément dire trois zéros. Comment voulez-vous dialoguer avec des machines pareilles ?

Bien entendu, c'est ma faute. Je n'avais qu'à pas taper trois O. Mais, si on ne peut pas compter sur un minimum d'intelligence chez l'ordinateur, j'aime autant vous dire que la civilisation moderne est mal partie. Bête et méchant, voilà ce qu'il est, l'ordinateur. Ce qui lui plaît, c'est de nous humilier. Vous pensez si j'avais l'air malin, quand Philippe m'a montré mes trois O ! Cramoisi de honte jusqu'aux oreilles, j'étais. Même pas capable de taper trois 0 !

Un gars qui embête pendant des plombes deux techniciens de Wanadoo, dévoués et compétents, qui prend ses lecteurs à témoin de ses péripéties, comme quoi l'ADSL c'est de la daube, tout ça parce qu'il mélange les O et les 0 ! En plus, d'après ce que m'a dit Philippe, quand j'ai tapé mon mot de passe de connexion, j'ai fait un ç à la place d'un 9. Est-ce que c'est de ma faute, aussi, si le ç et le 9 sont sur la même touche, hein ? Tu oublies de faire la majuscule, et hop, c'est râpé. Et le pire, c'est que tu ne peux même pas t'en rendre compte : quand tu tapes un mot de passe, tout ce que tu vois sur l'écran, c'est des gros points noirs. Parce que le principe d'un mot de passe, c'est qu'il doit rester secret. C'est drôlement malin. Comment savoir, alors, si on ne se trompe pas ? Telle est la perversité de l'ordinateur. Tout ça pour dire que, même si je suis nul de chez archinul, j'ai des circonstances atténuantes. L'ordinateur pourrait tout de même y mettre du sien. Ce n'est pas la mer à boire, de voir un 0 quand il y a un O et un 9 quand il y a un ç, si ?

Terminons par un petit problème d'arithmétique amusant, genre les trains qui se croisent ou qui se rattrapent, cauchemar de mon enfance. L'autre soir, à la télé, j'ai vu Sarkozy au milieu de fonctionnaires des impôts, à Libourne. Histoire de montrer qu'il était en vacances tout en restant au boulot (et vice versa), il leur a dit qu'il faisait du vélo dans le coin. Et il a ajouté : « Alors, si vous me croisez à vélo, je vous signale qu'il est interdit de me doubler ! » Et il a ri. Comme quoi c'était de l'humour. Voici, maintenant, l'énoncé de mon petit problème d'arithmétique : si vous croisez Nicolas Sarkozy à vélo, comment ferez-vous si, nonobstant son interdiction, vous voulez le doubler, sachant que lorsqu'on croise quelqu'un on roule dans le sens contraire ?

Je suis peut-être nul en maths – j'ai eu 0,5 au bac (et non pas O,5, espèce d'abruti d'ordinateur) –, mais je suis tout de même assez logique, dans mon genre.

Le bon vieux temps… mon œil !

18 septembre 2004

Quand j'étais petit, la formule que j'entendais le plus souvent, chez ma grand-mère, chez mes oncles et mes tantes, c'était : « Dans le temps… » Dans le temps, ça voulait dire : avant. Et avant, tout était mieux, tout était plus beau. Dans le temps, on travaillait mieux, les récoltes étaient meilleures, les étés plus chauds, les enfants plus obéissants… Moi, j'avais 8-9 ans et je n'en pouvais plus d'entendre parler du temps d'avant. De ressasser les mêmes vieilles histoires, de vivre dans le passé. J'avais envie d'aller dehors, dans le jour, dans le soleil. Et de vivre, le plus intensément possible, mon présent à moi, ma vie à moi. C'était à la campagne, dans les années 1950. Classe unique, poêle à bois, blouses grises. Oui, comme dans *Le Grand Meaulnes*.

J'ai aimé cette enfance, passionnément, dans ce village, dans cette école. J'avais l'impression de vivre au paradis terrestre. Mais j'ai aimé, aussi, ce qui le rendait encore plus beau, ce paradis. L'arrivée de l'eau, par exemple. Avant, on allait la chercher au puits, c'était lourd, c'était long, c'était loin. Avoir de l'eau au robinet, c'était magique. C'était le progrès. Ça fait de belles photos, les enfants qui portent les seaux d'eau en revenant du puits. Surtout s'ils ont des bérets et des sabots, façon Doisneau des campagnes. L'arrivée de l'eau au robinet, ça n'intéresse personne. Sauf ceux dont ça change la vie. C'est comme les lavandières qui battent, frottent et lavent le linge au lavoir. C'est d'un pittoresque ! Ma mère, qui poussait sa brouette remplie de linge tous les lundis jusqu'au lavoir et retour, sur des kilomètres, pour se gercer les mains dans l'eau froide, elle ne trouvait pas ça pittoresque. Du tout. Alors, le bon vieux temps…

Quant à l'école, ce n'était pas celle qui fait se pâmer les nostalgiques du certificat d'études. Blouses grises et poêle à bois, d'accord. Mais, surtout, méthodes pédagogiques nouvelles. Actives, comme on disait. Un jeune instituteur qui nous faisait travailler chacun à notre rythme, avec le maximum d'autonomie. Oui, dans mon petit village, dans ma petite école, dans les années 1950. La chance de ma vie. Jamais de devoirs à la maison. Le bonheur de la découverte. Le bonheur d'apprendre. Voilà ce qui me revient, quand j'entends ces couplets sur le retour à la bonne vieille école de jadis, aux bonnes vieilles méthodes, à la bonne vieille autorité. Au bon vieux temps. Quand les élèves savaient lire et écrire, faisaient des dictées et des récitations, obéissaient au maître. Moi, ce que j'ai aimé, dans le bon vieux temps, c'était ce qui nous faisait sortir du bon vieux temps. C'était ce qui bousculait, ce qui faisait bouger, avancer. Cette grisante impression de changer, d'inventer. La découverte de tous les possibles. Le monde était à nous, dans notre petit village, en ces années 1950. Et je remercie tous les jours le ciel de ne pas avoir été dans une de ces écoles traditionnelles qui font rêver les téléspectateurs du « Pensionnat de Chavagnes ».

Le pensionnat ! Comment peut-on en avoir la nostalgie ? J'ai été pensionnaire pendant sept ans. À l'ancienne : grand dortoir, eau froide et retour à la maison uniquement pour les vacances. Pas comme ces pensionnaires en peau de lapin d'aujourd'hui, qui rentrent chez eux tous les week-ends. J'ai découvert ce que ça voulait dire, le cafard. L'horrible cafard des soirs de rentrée, dans le dortoir noir, avec la perspective de ces longues semaines, de ces longs mois loin de la maison. Comment peut-on, aujourd'hui, fantasmer sur l'âge d'or du pensionnat ? Moi, ce qui m'a fait tenir, en pension, c'est tout le contraire de cette vie à la dure qu'on semble plébisciter (au secours !) : c'est d'avoir eu, là encore, des pédagogues ouverts, enthousiastes, inventifs, qui voulaient nous ouvrir sur le monde, les vastes problèmes du vaste monde, nous apprendre l'engagement, la responsabilité, la liberté.

Je me dis qu'on doit être bien malades pour rêver ainsi d'un retour au bon vieux temps, à la bonne vieille discipline. On est morts de trouille, voilà la vérité. Plutôt que d'affronter le monde d'aujourd'hui, tel qu'il est, on est en pleine incantation. On psalmodie les mots magiques, comme des mantras censés nous protéger du mal : ordre, discipline, autorité. Haro sur l'innovation, l'invention, la prise de risque ! On rêve de revenir dans la bulle. Portes et fenêtres fermées. On rêve d'une vie en noir et blanc, comme sur les photos de jadis. Attention, on ne bouge plus, le petit oiseau va sortir ! On ne bouge plus. On est sous fixateur. Sous cadre. Comme ce serait simple, d'être comme sur les photos ! Mais la vie bouge. La vie est floue. La vie sort du cadre. Ça ne fait pas forcément plaisir. Ça peut faire peur. Mais c'est la vie, notre vie. On n'est pas dans un film, dans un feuilleton. On n'est pas dans la télé-réalité.

J'aime ceux qui inventent et prennent des risques, comme mon instituteur dans les années 1950. C'était dans une classe unique, à la campagne. Ceux qui lui ressemblent, aujourd'hui, sont dans les banlieues, dans les quartiers « sensibles ». Le monde a changé : ils savent qu'il faut changer. On peut se rassurer, en rêvant du bon vieux temps. On a tous envie d'être rassurés. On rêve de fromage à la louche, de moutarde à l'ancienne, de saveurs d'antan. On avance à reculons. Le nez dans le doux mouchoir de l'enfance. Mais il n'y a pas de monde de rechange. On n'a pas ça en magasin. C'est ce monde-là, le nôtre. Pas un autre. On peut le changer. Pas l'échanger. Soyons honnêtes : ce qu'il y avait de bien, quand on était jeunes, c'est qu'on était jeunes. Point final.

Faux faucon star

18 décembre 2004

Quelle histoire de fous ! Je suppose que vous l'avez lue un peu partout, mais je ne peux pas m'empêcher d'y mettre mon grain de sel. À New York, la semaine dernière, les copropriétaires d'un immeuble de luxe au 927, Cinquième Avenue, vue sur Central Park, décident de se débarrasser d'un faucon ayant élu domicile à l'avant-dernier étage. Ils en ont marre, assurent-ils, de marcher sur les os et les carcasses de pigeons largués par le faucon sur le trottoir. Aux grands maux, les grands remèdes : ils font carrément enlever par des laveurs de carreaux le nid que le rapace occupe depuis dix ans, avec femme et enfants.

Il se trouve que ce faucon n'est pas n'importe qui. Il s'appelle Pale Male. Et sa femme, Lola. Pour un tas de New-Yorkais, c'est carrément une star. On vient le voir de partout. Il a son site Internet. On a écrit un livre, fait un film sur lui. D'où une vague de protestations et de manifestations à l'annonce du sacrilège. Rendez-nous Pale Male et Lola ! Remettez le nid à sa place ! Le *New York Times* se fend d'un éditorial : « Les riches doivent apprendre à vivre avec les oiseaux ». Parmi ces riches fauconphobes, plein de stars, du grand et du petit écran. Qui, sentant le vent tourner, prennent vite fait et cause pour le faucon. Entre stars, on se soutient.

Aux dernières nouvelles, il paraîtrait que les riches du 927, penauds et contrits, ont décidé de refaire une place à Pale Male,

Lola et les petits. Tout est bien qui finit bien. On se croirait dans un film de Walt Disney.

Ce qui me tue, dans cette histoire, c'est le côté star. Un faucon star s'installant dans un immeuble de stars. Rien que du people. Il se trouve, chers lecteurs(trices), que j'héberge moi aussi un faucon. Juste au-dessus de ma tête. Il ne s'appelle pas Pale Male ou je ne sais quoi. Il s'appelle M. Faucon. Il a une copine. Qui ne s'appelle pas Lola, mais Mme Faucon. Quoique sa copine, ces temps-ci, je ne la vois pas beaucoup. Lui, si. Presque tous les jours. Je le vois tomber du toit de l'immeuble, plonger dans le vide, remonter en souplesse, passer sous ma fenêtre, avec grâce, avec classe, avant de filer de l'autre côté, vers l'immeuble en face où il a, semble-t-il, une résidence secondaire. Quand il passe sous ma fenêtre, j'ai l'impression qu'il me fait un petit bonjour, on est vraiment copains. Moi aussi, je lui fais un petit bonjour, juste un geste discret de la main, faut pas non plus trop en faire. Je vois son œil, son bec, son plumage brun-roux, il est magnifique. Entre mon immeuble et celui d'en face, il fait des ronds dans le ciel, parfois il pousse un cri, puis il fonce à deux cents à l'heure droit vers le sol, banzaï! Requiem pour une souris, un mulot, une musaraigne.

Mon faucon n'est pas une star. Il n'a pas de site Internet. Personne n'a fait de livre ni de film sur lui. Personne ne vient l'observer d'en bas avec des jumelles. Mon faucon est un sage : pour vivre heureux, vivons cachés. C'est un faucon peinard. Un faucon très peuple. Pas people. Notre immeuble, pareil. Pas de stars. Pas de people. Un immeuble ordinaire avec des gens ordinaires. Notre faucon, on lui fout la paix. Personne n'aurait l'idée de l'expulser. De toute façon, la plupart des habitants ignorent son existence. Il fait son petit manège sans embêter personne. Sans se faire remarquer. Sauf que, grâce à lui, la vie dans l'immeuble est extraordinairement exotique. J'ai l'impression d'être un privilégié.

Des faucons à Paris, il n'y en a pas des milliers. Ni des centaines. Ni même des dizaines. Les pigeons, les pies, les corbeaux, les moineaux, ça ne manque pas. On en trouve à tous les coins de ciel. Les faucons, c'est très rare. Et j'en ai un. Enfin, c'est plutôt lui qui m'a. Un faucon, c'est sauvage. C'est libre.

Maintenant, vous savez la meilleure ? Le faucon people, sur la Cinquième Avenue, c'est même pas un faucon. C'est un faux faucon. J'ai vu sa photo, dans *Libération*. Il a autant l'air d'un faucon que moi d'un Martien. Et pourtant, dans l'article, on parle d'un faucon crécerelle. Le faucon crécerelle, c'est celui de mon immeuble. Pensez si je le reconnais, de près comme de loin. Leur faucon, aux riches et aux stars, vous savez ce que c'est ? Une buse à queue rousse. C'est écrit en toutes lettres dans *Le Monde*. Bon, comme la photo de *Libération* est en noir et blanc, je ne peux pas vous jurer que sa queue soit rousse. Mais qu'il s'agisse d'une buse, c'est sûr et certain. Je n'ai rien contre les buses, notez bien. Pale Male a tout à fait le droit d'être une buse. Les buses ont tout autant le droit de vivre que les faucons.

En ce qui me concerne, j'adore les buses. Je passe un temps fou à les observer, à la campagne. Quand j'ai la chance d'en voir une de près, immobile sur un poteau de clôture, en bordure d'un champ, j'estime que je n'ai pas perdu ma journée. Mais une buse n'est pas un faucon. Et vice versa. Allez voir celui qui niche dans les tours de Notre-Dame, vous verrez à quoi ça ressemble. Lui, il commence à être célèbre. Un de ces quatre, vous allez voir, il va se faire sonner les cloches, des paroissiens vont trouver qu'il fait désordre, il va se faire virer de sa tour.

Le mien est anonyme. Et il tient à le rester. Il n'a pas besoin de mettre des lunettes noires et un passe-montagne pour pas être reconnu. Il est juste connu de moi. Et j'aime à penser qu'il me connaît. Pas vrai, faucon ?

Pathologie de la brocante

12 mars 2005

Je ne sais pas si vous avez remarqué, mais c'est fou ce qu'il y a comme brocantes. Jadis (quand, exactement ? Enfin, bref, jadis...) une brocante était un événement. Elle était annoncée longtemps à l'avance. On notait la date sur son calepin. On s'y préparait. On s'en faisait une fête. C'était une vraie sortie. Aujourd'hui, dans mon quartier, c'est bien simple, ce qu'on remarque, ce sont les week-ends sans brocante. On se dit : tiens, qu'est-ce qui se passe, pas de brocante ? Chaque avenue, chaque boulevard, chaque quai, chaque terre-plein a sa brocante.

En réalité, c'est la même, qui tourne d'une rue à l'autre. C'est lassant. Une fois sur deux (ou trois), pourtant, je me laisse tenter. Je ne sais même pas pourquoi. Je suis sûr de retrouver les mêmes stands, les mêmes marchands, les mêmes bricoles. Alors, qu'est-ce que je cherche ? Rien. N'importe quoi. Je marche. Je flâne. Je regarde. Je hume. La plupart du temps, je repars sans rien acheter. Je dois être le désespoir des brocanteurs. Le type qui s'arrête, qui fouille dans les étals, qui soupèse des objets, qui ouvre des boîtes, qui feuillette des livres. Et qui n'achète rien. Ma hantise, c'est de casser quelque chose. Ça m'est arrivé, une fois. J'ai voulu voir une lampe de près. Un faux Gallé. Je l'ai vue de très près, avant de l'échapper. Brisée en mille morceaux. J'ai dû la payer. C'est une des rares fois où j'ai acheté quelque chose. Enfin, des bribes de quelque chose.

Ce que j'aime bien, c'est feuilleter les vieux agendas. Des agendas des années 1920 ou 1930. On retrouve la liste des courses. Les rendez-vous chez le dentiste. Les soirées chez les amis. Des petits souvenirs, des petits événements. Ça donne envie de rêver, d'écrire des histoires. En fait, ça doit être ça, qui me fait m'arrêter devant les stands : j'essaie d'imaginer d'où viennent ces meubles, ces tasses, ces assiettes, ces photos, ces lampes, ces outils, ces poupées, ces livres. Qui les a eus chez lui, avant, jadis. Qui les a achetés le premier. Ou fabriqués. La vie qu'il y avait autour. Les naissances, les amours, les morts. Et la vie des objets eux-mêmes, passant de maison en maison, de famille en famille. Je m'arrête. Je rêve. Le brocanteur se demande si oui ou non je vais acheter cette lampe que je tiens dans la main. Avant de la casser en mille morceaux.

Parfois, tout de même, j'ai un coup de cœur pour un petit quelque chose. Je regarde cette bricole, je l'examine, je la retourne dans ma main, je la flaire, je la pose, je la reprends, je la repose. Je n'arrive pas à me décider. Je me dis que je vais finir le tour de la brocante. Et que si la bricole est toujours là au retour, je l'achèterai. Je finis mon tour. Je reviens. La bricole est toujours là. Bizarrement, je ne lui trouve plus rien. Je me demande même ce que j'ai bien pu lui trouver, tout à l'heure. Je suis déçu. Je doute de moi. De mon goût. Je ne sais plus qui je suis. Le brocanteur, qui m'a repéré, me reconnaît. Il est plein d'espoir. Je me sens obligé de grommeler quelques mots incompréhensibles, comme quoi oui, mais non, et d'ailleurs même si… Le pire, c'est quand il propose de baisser le prix. Je me sens pris au piège. Je ne sais plus quoi dire. Je suis nul en marchandage. Je serais prêt à tout acheter au prix fort. Je suis le pigeon idéal. Voilà pourquoi, sans doute, je préfère ne rien acheter.

Au fil des ans, j'ai tout de même fait deux observations scientifiques. Premièrement : il pleut toujours sur une brocante. Ne me demandez pas pourquoi. Je me contente de constater. Même s'il fait un soleil de plomb le matin, il va pleuvoir l'après-midi. Il y a là un mystère que je laisse à d'autres le soin d'élucider. En tout cas, c'est ainsi : il pleut. Deuxièmement : les brocanteurs ne sont jamais contents. Ils passent leur temps à se dire les uns aux autres qu'ils n'ont rien vendu. Et ce n'est pas un gars comme moi qui va leur remonter le moral, à tout regarder sans rien acheter. Tout ça ne les empêche pas de se donner rendez-vous pour la prochaine brocante. Dans quinze jours. À trois rues d'ici.

Sinon, il y a le vide-grenier. C'est la brocante du pauvre. Très tendance, le vide-grenier. Encore plus que la brocante. Le principe, c'est de mettre sur le trottoir ce qu'on ne veut plus voir chez soi. Bien entendu, il y a des intrus, du vide-grenier qui ressemble drôlement à de la brocante. Ou alors il y a des gens qui ont des tonnes de meubles chez eux, à ne plus savoir qu'en faire. Mais, en règle générale, le vide-grenier est tout de même plus pittoresque. Par exemple, on trouvera des cintres à un vide-grenier. Rarement à une brocante. Ou alors des cintres Louis XVI. On trouve surtout des livres. Un vide-grenier, c'est l'occasion rêvée de faire le ménage dans sa bibliothèque. Je me dis que ça ne doit pas être rigolo, d'être un livre. De se sentir de trop. De se faire virer. D'être bradé sur le trottoir. Et de se faire engueuler, parce que personne n'a voulu de vous. Il y a aussi des trucs en coquillages. Des jouets cabossés. Des marteaux. Des tournevis. Des clous. Des assiettes qui ont une tête de cadeau de mariage pas sur la liste. Des fourrures en lapin de la grand-mère. À chaque fois que je vais à un vide-grenier, je me dis qu'il n'y a vraiment rien. Que ça ne vaut pas le coup. Pourtant, je sais que j'y repiquerai. Comme pour les brocantes.

La vérité, si vous voulez mon avis, c'est que plus on sera collés à nos portables, scotchés à nos ordinateurs, drogués à nos i-Pod et nos MP3, plus il y aura des brocantes et des vide-grenier. Et, donc, plus il pleuvra. Voilà au moins une bonne nouvelle pour les agriculteurs.

Le mystère de la planète HD209458b
26 mars 2006

L'autre matin, sur France Inter, j'ai entendu une information décoiffante. Il s'agissait, prévenait le journaliste, d'une découverte de toute première importance. La voici : « Pour la première fois, on a pu capter la lumière émise par deux planètes situées en dehors du système scolaire. » Puis il s'est repris : « Euh, je veux dire, du système solaire... » Dommage. L'idée de planètes hors du système scolaire me plaisait bien. Ça ne veut strictement rien dire. Mais c'est intrigant. C'est poétique. Il est tellement sous pression, le système scolaire. Tellement harcelé de partout. Attaqué, mis en cause. Réformé tous les deux ans, au bas mot. Pauvre système scolaire ! Alors, qu'il y ait, loin d'ici, où que ce soit, deux planètes qui éclairent de leur mystérieuse et miraculeuse lumière ce malheureux système scolaire, c'était comme une lueur d'espoir. La petite loupiote qui troue la nuit, qui réconforte et montre le chemin. Voyez, ce genre de choses. Poétiques et tout. De toute façon, on entend tellement d'infos abracadabrantes, qui n'ont ni queue ni tête. Pourquoi pas des planètes éclairant le système scolaire ? Il en a bien besoin. Il le mérite. Allez, soyons fous : on lui en fait cadeau.

Maintenant, si vous voulez la vérité vraie, la vérité scientifique, je vais vous la donner. Je me suis renseigné, qu'est-ce que vous croyez. Je vais donc vous donner le nom des deux planètes en question. Celles qui sont hors du système solaire. Enfin, soyons précis : ce qu'on connaît, c'est le nom des deux étoiles autour desquelles tournent les deux planètes. Elles ont de très jolis noms, vous allez voir. Très poétiques. La première s'appelle TrES-1. Et la deuxième HD209458b. J'ai un faible, je l'avoue, pour HD209458b. Ça fait nettement plus sérieux que TrES-1. Plus pensé. Quant à savoir ce que ça veut dire… HD, c'est peut-être haute définition. Ou haut débit. Le numéro, derrière, c'est peut-être le numéro de carte bancaire de l'astronome qui l'a découverte. Ou son numéro de Sécu. Ou le numéro qu'il joue au Loto. Le petit *b*, à la fin, ça doit être parce que c'est la face B de la planète. Mais en petit. Parce qu'on la voit de loin. Si vous avez d'autres questions sur l'astronomie, n'hésitez pas à me demander. Je suis là pour ça.

Sinon, à part les planètes, comme expérience scientifique, il y a les voitures des autres. Je ne sais pas si vous avez la même sensation, mais moi, quand je roule sur l'autoroute, j'ai toujours l'impression que les voitures qui me doublent sont beaucoup mieux que la mienne. Elles glissent doucement, harmonieusement. Et surtout : silencieusement. C'est comme un léger courant d'air qui passe. Tout en souplesse, en fluidité. J'ai l'impression que ma voiture à moi fait un boucan d'enfer, qu'elle vibre, qu'elle chauffe. Alors que l'autre, là, celle qui me double, fend l'espace sans bruit, sans effort, hyperconfortable, total relax. Ses passagers, enfoncés dans de moelleux fauteuils en cuir, me regardent en passant d'un air supérieur, un peu méprisant, pauvre plouc dans sa poubelle sur roues. L'instant d'avant, je la trouvais très bien, ma voiture, confortable, silencieuse et tout. Et là, il suffit qu'une autre me double pour que je me sente mortifié, humilié, par sa classe et son silence. Ça ne vous arrive jamais, à vous ? Rassurez-moi, sinon je vais finir par croire que ma voiture est vraiment nulle.

C'est pareil au cinéma, j'ai remarqué : le héros conduit toujours une voiture silencieuse, confortable, féline (comme dit la pub). On entend à peine le doux ronronnement du moteur, comme un léger bruit de fond ouaté, cotonneux, rassurant. C'est drôlement pratique : ça permet aux personnages du film de parler à voix basse, sans hausser le ton. Et, accessoirement, aux spectateurs de ne rien perdre des dialogues. Moi, dans ma voiture, on a parfois du mal à s'entendre, de l'avant vers l'arrière et vice versa. Ça ronfle, ça couine, ça grince. Rien de tout ça au cinéma. On entend tout juste le discret tic-tac du clignotant. Ça fait classe. J'adore faire de la voiture au cinéma.

Et puisque nous voilà au chapitre des voitures, je sens qu'il est de mon devoir de vous livrer le contenu d'un entrefilet paru dans *Ouest-France*, le 18 mars dernier, envoyé par une lectrice du Morbihan. Un homme a été arrêté par les policiers de Vannes alors qu'il s'apprêtait à forcer la portière d'une voiture. Jusqu'ici, rien d'exceptionnel. Lisez plutôt la suite : « Un cintre est retrouvé à proximité. C'est cet objet qu'il avait l'intention d'utiliser pour ouvrir la portière de la voiture. En fouillant, les policiers retrouvent deux autres véhicules à proximité, visités avec le même procédé du cintre. » Un voile soudain se déchire devant mes yeux. Une vision m'apparaît. Le lecteur se souvient peut-être que voilà quelque temps je me suis fait voler la banquette arrière de ma voiture. Et voilà ! Tout concorde ! Gros titre dans la presse : « Le voleur de banquettes arrière opérait avec un cintre ». Même dans mes pires cauchemars, je n'avais pas osé imaginer pareil scénario. Le cintre était l'arme du crime ! Je vous le demande : dans quel monde vivons-nous ?

La chasse à la baleine

9 avril 2005

Je suis plutôt du genre à faire confiance à la météo de mon pays. On a des convictions ou on n'en a pas. Donc, chaque matin, avant de sortir, j'écoute la météo. Si elle me dit qu'il va pleuvoir, je la crois. Et je prends mon parapluie. Voilà le genre d'homme que je suis. Évidemment, il arrive que, lorsque je sors dans la rue avec mon parapluie, il ne pleuve pas. Pas encore. Il peut même faire un soleil d'enfer, dans un ciel du même métal. Autant vous dire qu'avec mon parapluie je me fais remarquer. Les passants rient sous cape. Les enfants se moquent de moi. Tout juste si on ne me jette pas des pierres.

Il n'est pas facile, dans le monde d'aujourd'hui, d'avoir des convictions. Et de les afficher. Triste époque. Mais je tiens bon. J'assume. Les sarcasmes, les moqueries glissent sur moi comme l'eau (qui va bientôt tomber) sur les plumes d'un canard. Je sais qu'il va pleuvoir. J'en suis intimement convaincu. Rira bien qui rira le dernier ! Ils auront l'air malin, tout à l'heure, ceux qui me prennent pour un simple d'esprit. Ils seront trempés comme des soupes. Et se maudiront d'avoir oublié leur parapluie. Peut-être se souviendront-ils d'avoir croisé un type qui en avait un. Et de s'être moqué de lui. Tant pis pour eux. Ça leur apprendra.

Pour être tout à fait honnête, je dois tout de même confesser qu'il a pu arriver, une fois ou l'autre, qu'il ne pleuve pas. Du tout.

Ou alors j'étais dans le métro. Ou rentré chez moi. Et que, par voie de conséquence, je me sois encombré d'un parapluie pour des prunes. C'est vexant. On se sent tout bête. Quasiment trahi. Mais, bon, comme disait ma grand-mère (et si elle ne l'a pas dit, elle aurait parfaitement pu le dire) : « On n'a rien sans rien. » J'aime mieux avoir l'air bête avec mon parapluie. Que pas bête et trempé.

Le problème, avec un parapluie, c'est qu'on risque de le perdre. Dans le métro. À la boulangerie. À la supérette. Au restaurant. Partout. Voilà pourquoi j'achète toujours de grands parapluies. Les petits qui se plient, les parapluies télescopiques, je suis sûr de les perdre. Je me dis qu'avec un grand j'ai moins de risques. Un grand parapluie à l'ancienne, modèle deux places qui fait canne, c'est tellement encombrant qu'il faut vraiment être distrait pour le perdre. Étant assez distrait dans mon genre, il m'arrive de le perdre quand même. Mais je me console en pensant à ce qui se serait passé avec un petit. C'est bien simple : j'aurais de quoi ouvrir un magasin de parapluies avec tous ceux que j'aurais perdus.

Cela dit, le problème avec un grand parapluie (un autre problème, donc), c'est qu'il est dangereux. Pas pour moi : pour ceux qui ont la malchance de croiser ma route. Avec un parapluie, je suis un vrai danger public. Fermé, déjà : je le balance au bout de mon bras comme une épée, mieux vaut ne pas se trouver dans les parages. Généralement, dès qu'ils me voient, les gens font gaffe. Ils devinent à qui ils ont affaire. Ils s'écartent de mon chemin. Quand il est ouvert, c'est un vrai désastre. Je ne sais pas comment je m'y prends, mais j'ai toujours deux ou trois baleines à l'air libre. C'est pur miracle si je n'ai encore éborgné personne. J'ai beau remettre mes baleines dans le droit chemin. Dès que j'ouvre mon parapluie, elles sortent. Je passe mon temps à faire la chasse à la baleine.

L'autre problème (un troisième problème, donc), c'est qu'un parapluie, ça encombre. Je suis empoté, avec un parapluie, c'est rien de le dire. Je m'accroche partout. Je fais tomber des trucs dans les magasins. Au moment de payer, à la boulangerie, je l'échappe par terre. Je marche dessus. Je pète une baleine. Dans le métro, je le coince entre mes jambes. Il tombe. Il glisse sous le siège de mon vis-à-vis. Je dois me mettre à quatre pattes pour le récupérer. Tout le monde me regarde. Le rouge me monte au front. C'est vraiment dur d'avoir des convictions.

Le pire, c'est quand il s'ouvre tout seul. Il faut dire que j'achète des parapluies automatiques. Les autres, le temps d'arriver à les ouvrir, on est trempé. Tandis que là, tchiak, on est sauvé. Sauf que, donc, il arrive à mon parapluie de s'ouvrir tout seul. Comme ça, d'un seul coup, sans prévenir. Dans l'ascenseur, par exemple. Je suis avec trois quatre personnes qui rêvassent, en attendant leur étage. Soudain, tchiak, le parapluie s'ouvre. Effet garanti. Un jour, ça finira par une crise cardiaque. Ou alors j'ouvre la porte de mon immeuble, le parapluie fermé dans le creux du coude. Clé, code, tout le bazar. Au moment fatidique, tchiak, le parapluie s'ouvre. Je me casse la figure. Je laisse échapper ma baguette. Je marche dessus. C'est pitoyable. Et je ne parle pas du restaurant : le parapluie qui s'ouvre au moment précis où le serveur arrive avec le lapin chasseur. Mon parapluie est imprévisible. Limite caractériel.

Bien entendu, il y a aussi les problèmes (d'autres problèmes, donc) de circulation, quand il pleut, avec les autres porteurs de parapluie. Il faut le pencher à droite ou à gauche, pour éviter les collisions. Parfois, ça tourne au rapport de forces. Mon arme secrète, ce sont mes baleines à l'air. Elles font peur. Un malheur est si vite arrivé. Alors, on me laisse le passage.

Reste que l'humiliation suprême du porteur de parapluie, c'est quand il s'arrête de pleuvoir. Et qu'il ne s'en rend pas compte. Il continue de marcher avec son parapluie grand ouvert, se félicitant d'avoir écouté la météo. Les gens le regardent d'un drôle d'air. Lui croit qu'ils sont jaloux. Au bout de quelques longues, trop longues minutes, il réalise enfin. Il se sent parfaitement ridicule. Soyons franc : il l'est.

Comme quoi, un parapluie, c'est beaucoup de pépins. Mais comme disait ma grand-mère…

Fan de...

30 avril 2005

Le téléphone a sonné. C'était Alexis Liebaert, le chef des pages Culture. « Dis donc, j'ai une idée pour toi. Si tu faisais ta chronique sur Bob Dylan ? Son livre sort en France début mai. Tu pourrais faire un papier un peu personnel, les années 1960, la nostalgie, tout ça. Qu'est-ce que tu en penses ? » Ma chronique sur Dylan ! Il est malade ou quoi, Liebaert ? Mon Dieu, pardonne-lui, il ne sait pas ce qu'il fait ! Me demander de faire ma chronique sur Dylan ! Je deviens complètement cinglé, dès qu'il est question de Dylan. Je ne sais plus ce que je dis, ce que je fais, où j'habite. Je suis atteint de dylanolite aiguë. Une maladie incurable. Contagieuse ? Ça reste à prouver. J'ai bassiné des centaines (des milliers ?) de gens avec Dylan. Je les ai obligés à écouter ses chansons. À écouter mes commentaires sur ses chansons. Pour être franc, je ne suis pas sûr du tout de leur avoir passé le virus. Il se peut même que je les aie dégoûtés de Dylan. À vie. Et c'est à moi que Liebaert demande de faire une chronique sur Dylan ! Bien entendu, ça part d'un bon sentiment. J'aurais fait pareil, si je ne me connaissais pas. Dylan sort un livre. On a sous la main un gars qui a l'air de s'y connaître. Et si on lui demandait de faire un papier ? Logique. Sauf que le gars, c'est moi. Et que ça risque de faire mal.

Je suis devenu un drogué de Dylan en 1965. Un drogué grave. Jour et nuit, partout : Dylan à fond la caisse. J'ai collectionné les disques pirates, que je me suis procurés par des voies inavouables.

J'ai lu, découpé, classé tout ce qui s'écrivait sur Dylan, en français et en anglais. Puis j'ai décidé de passer aux choses sérieuses : écrire un livre sur Dylan. On était en 1970. Plus personne ne parlait de Dylan. Les purs et durs, les gardiens du Temple, l'avaient enterré pour le compte. Le moment rêvé, me disais-je, pour frapper un grand coup ! Aux innocents les mains pleines. J'avais 24 ans. Je me suis enfermé dans ma chambre de bonne. J'ai fait hurler mon Teppaz, à la grande satisfaction de mes voisins. Et j'ai écrit comme un malade, sans m'arrêter. Totalement immergé en Dylan. De quoi devenir fou (oui, je sais...). Mon livre est sorti. Et je suis sorti de ma chambre. Mon livre n'a pas franchement bouleversé les foules. Aucune importance. Dylan continuait à faire des disques. Et moi à les écouter. C'était le principal. Mieux : il repartait en tournée. Imaginez un peu : je ne l'avais jamais vu sur scène ! Quand il est venu chanter à Paris, en 1978, j'étais là tous les soirs.

J'ai même tenté le banco. Un jour, j'apprends à quel hôtel il loge. J'y dépose mon livre, avec une lettre. Dans laquelle je lui dis, texto : Si vous souhaitez me voir, téléphonez-moi (malade, je vous dis). Le lendemain matin, coup de téléphone : le manager de Dylan. Qui me dit, texto : Bob souhaite vous rencontrer. Rendez-vous ce soir, backstage, après le concert. Et le voilà qui arrive, souriant, caché derrière ses lunettes noires : « Hello, Alain, content de vous voir ! » Et moi, bredouillant, cafouillant : « Je... hum... euh... c'est-à-dire... » Une soirée à discuter avec Dylan. Le monde peut s'écrouler.

Hé, psstt, le livre ! Quoi, quel livre ? Ah oui, j'étais censé vous parler d'un livre. Le livre de Dylan. J'ai comme l'impression qu'il ne me reste pas beaucoup de place, là. C'est malin. Je vous avais prévenus, aussi. Donc, le livre de Dylan. Il s'appelle *Chroniques, volume 1* (Fayard). C'est le premier tome de ses Mémoires. Tenez, lisez les pages 117 à 157. Ça vous remettra les idées en place. En particulier à ceux qui continuent de prendre Dylan pour un chanteur engagé, anti-guerre du Vietnam et tout le bazar. Il est dans sa maison, à Woodstock, en 1968. Il est marié, père de famille. Il essaye de se remettre d'un grave accident. De se reconstruire après sa course folle, toujours plus vite, toujours plus loin. Il est poursuivi par des hordes de militants, qui veulent en faire leur messie, le porte-parole de la révolution. Lui n'a qu'une idée en tête : leur échapper, briser sa propre image. Être libre. Sur la route, toujours. Semer ses poursuivants. Brouiller les pistes. Tel est son programme. Jusqu'à aujourd'hui. Parole d'un fidèle, qui a dû supporter un paquet de concerts pas piqués des hannetons, Dylan s'acharnant à massacrer ses chansons, à les rendre méconnaissables. Pour briser le mythe. Vous avez de la chance : depuis quelques années, il est en superforme. Ses concerts sont des moments miraculeux, des moments de grâce. Ayez une pensée, s'il vous plaît, pour ceux qui l'ont suivi héroïquement pendant les pires années.

Ah oui, son livre. Ce qu'il raconte, c'est… Écoutez, vous verrez bien vous-mêmes. Puisque vous le lirez. J'en suis sûr et certain. Il suffit que vous lisiez les premières lignes. Vous ne pourrez pas vous empêcher de continuer. C'est un livre magique. Vers la fin, à la page 305, on lit ceci : « Suze [sa petite amie de l'époque, en 1961] m'a initié à la poésie symbolique d'Arthur Rimbaud. Quand je suis tombé sur la formule "Je est un autre", dans une de ses lettres, les cloches ont sonné à toute volée. C'était parfaitement clair. J'ai regretté que personne ne m'en ait parlé plus tôt. » Pour moi aussi, les cloches ! Pour avoir écrit dans mon livre, en 1970, que Dylan était probablement influencé par Rimbaud, je m'étais fait assassiner par *Le Nouvel Observateur*. Et accuser, je cite, de « gallocentrisme » : toutes les références de Dylan étaient forcément américaines, aller chercher Rimbaud était tout simplement stupide. La vengeance est un plat qui se mange froid. J'aurai attendu trente-cinq ans. Merci, Bob !

La crise du textique, c'est du chinois !

21 mai 2005

Dans le courrier des lecteurs du journal *Le Monde*, un lecteur s'avoue « désemparé ». Non pas par la controverse sur la Constitution européenne, les prises de position des uns et des autres. Mais par le programme du Centre culturel international de Cerisy-la-Salle, publié par *Le Monde des livres*. Il apprend que s'y tiendra, du 1er au 15 août, un colloque sur le thème : « Textique : interscrit (affinement de l'exhaustion) ». Je comprends la perplexité de ce lecteur. La textique est en effet d'un maniement complexe, pour ne pas dire délicat. Pour réussir à extraire la textique d'un texte, il faut des outils appropriés, qui ne se trouvent pas dans le premier magasin de bricolage venu (l'ouvre-boîte, en particulier, est formellement déconseillé). Sans parler du doigté, qui ne s'acquiert qu'après des années d'exercices. Or, en cette matière comme en tant d'autres, un accident est vite arrivé. Et la textique, on ne le dira jamais assez, est hautement explosive. Un geste malheureux, une manipulation hasardeuse, et la textique vous saute à la figure, réduisant le texte lui-même en bouillie (et ne parlons pas de votre figure). Or, si le texte est foutu, la textique ne sert plus à rien.

Rappelons, à toutes fins utiles, que la textique sert à comprendre ce qu'un texte, dans des conditions de conservation appropriées (autour de 18° C sous abri), pourrait éventuellement vouloir dire s'il n'avait pas été écrit dans l'intention de signifier autre chose que ce que le sens premier des mots semble vouloir laisser croire en oubliant ce que le sous-texte inconscient composé à son insu par le scripteur aurait pu par ailleurs signifier s'il n'était pas lui-même surinterprété par la doxa dominante. Autant dire que ce n'est pas de la tarte. Il est chaudement recommandé, pour réussir l'opération, de s'adresser à la chambre syndicale des textiqueurs agréés (et assermentés) qui ont l'habitude de ce genre d'interventions (même si quelques-uns d'entre eux, hélas, sont morts au champ d'honneur de la textique, pulvérisés par une attaque aussi soudaine qu'imprévisible de textique mal contrôlée).

Quant à l'interscrit, dont le colloque de Cerisy-la-Salle a juré d'avoir la peau, il n'est pas du genre à se laisser faire. Se glissant subrepticement dans les failles de l'écrit, dans les béances de la scripture, il se niche à l'intersection de l'intercontextualité et de l'interaction entre l'interdisciplinarité et l'interprétation, c'est-à-dire nulle part. Ce qui fait, naturellement, tout son intérêt. L'écrit est à la portée de n'importe qui (et je le prouve). L'interscrit exige, lui, en plus d'une excellente vue, un entraînement poussé dans l'art de débusquer le rien quand il gît dans le néant, par une nuit sans lune. On aura compris que les experts de Cerisy-la-Salle ont du pain sur la planche. L'interscrit de la textique, à mon humble avis, a de beaux jours devant lui.

Même si la technique envisagée pour en venir à bout ne manque pas de panache.

L'affinement de l'exhaustion constitue en effet le nec plus ultra de la technologie moderne, élaborée dans le plus grand secret au cœur de laboratoires planqués au fin fond du Berry. Cela dit, même si les premiers résultats sont prometteurs, il ne s'agit pour l'instant que d'une méthode expérimentale, qui n'est pas sans risques. On sait que l'exhaustion de l'interscrit de la textique est en constante expansion, comme l'Univers (mais en plus petit), et qu'elle échappe à toute tentative d'appréhension cognitivo-sensorielle. C'est à partir de cette constatation, et après de nombreuses tentatives avortées dans d'autres directions, qu'est née l'idée de l'affinement.

L'exhaustion aurait, en effet, ceci de commun avec le fromage (notamment le camembert) qu'elle s'améliore en s'affinant, au fil d'un processus complexe qui contrecarre efficacement sa tendance naturelle à l'expansion. On a donc créé des caves ad hoc, pour affiner l'exhaustion dans les meilleures conditions possibles, sous la surveillance constante de techniciens dotés d'un masque (l'odeur de l'exhaustion en caves d'affinement est en effet aussi puissante qu'insupportable). Au bout d'un certain temps, l'exhaustivité de l'affinement de l'exhaustion étant présumée exaucée, on démoule, on met en boîtes. Et on sert à température. Bien entendu, on a parfois de mauvaises surprises. L'exhaustion est trop molle, trop dure, trop coulante, trop plâtreuse. On verra comment les spécialistes réunis à Cerisy-la-Salle s'en sortiront.

Je rappelle que l'opération se déroulera du 1er au 15 août. Dix jours pour affiner l'exhaustion de l'interscrit de la textique, à mon avis, c'est un peu juste. Il ne faudrait pas que nos champions aient présumé de leurs forces. Le monde entier aura les yeux braqués sur Cerisy-la-Salle. Le prestige de la France est en jeu. On murmure déjà qu'une équipe japonaise aurait mis au point un processus révolutionnaire d'affinement en éprouvette. La Commission européenne, elle, a sagement décidé d'attendre le résultat du référendum en France, avant de sortir sa directive sur la textique. Il est hors de question qu'elle soit utilisée par les partisans du « oui » ou les partisans du « non ». On a vu les dégâts avec la Directive Bolkestein.

Quant aux habitants de Cerisy-la-Salle et des environs, je tiens à les rassurer : s'ils voient, entre le 1er et le 15 août, s'élever dans le ciel une espèce de champignon atomique, c'est juste que la tentative d'affinement de l'exhaustion de l'interscrit de la textique vient d'échouer. Ça sent mauvais. Mais c'est sans danger.

Chères Françaises, chers Français...

11 juin 2005

Chères concitoyennes, chers concitoyens, chères compatriotes, chers compatriotes, mesdames et messieurs les députés, bref, tout le monde. C'est avec une fierté empreinte d'une modestie aux couleurs de la responsabilité transcendée par l'honneur qui pèse sur mes épaules que je m'adresse à vous, à l'orée des cent jours qui sont devant nous comme la route est devant la porte de la maison. Le président de la République m'a confié la lourde tâche qui est à la fois un honneur et une responsabilité, mais je l'ai déjà dit, j'abrège, de conduire l'action de ce gouvernement d'action, de mission, que dis-je, de démission, ah ah, c'était de l'humour, je vous ai bien eus. Car il est venu, le temps de l'action ! Comme disait l'immense poète René Char, « qui n'avance pas recule », et s'il ne l'a pas dit il le pensait sûrement.

Je mesure l'attente de toutes les Françaises, de tous les Français, bref, de tout le monde, et quand je dis que je la mesure, ce n'est pas une figure de style, dans la mesure où cette attente, j'en ai bien peur, est proche de zéro sur l'échelle de Richter de la mesure de l'attente. Et pourtant l'Attente est fille de l'Espérance, ou peut-être nièce ou grand-tante, ou ce que vous voulez, vous voyez ce que je veux dire. Nous voici donc, mon cher et vieux pays, au rendez-vous fixé par l'Histoire chevauchant la croupe du Destin vers l'horizon de la Grandeur, nous voici donc, disais-je, eh bien oui, justement, nous voici, hic et nunc, pas plus tard que maintenant et nulle part ailleurs qu'ici, nous voici donc, oui, nous voici, euh… en tout cas, c'est ce que je pense et j'en suis convaincu.

Certains d'entre vous ont voté « oui », d'autres ont voté « non » et, comme le disait un célèbre humoriste dont le nom m'échappe à l'instant, « *the yes needs the no to win against the no* », sauf que c'est le *no* qui a winné *against le yes*, mais ça ne fait rien, l'essentiel, c'est de participer. Le « oui », c'est l'engagement, l'action, la mission, c'est la flamboyance de l'Utopie chevauchant la croupe de l'Imagination vers l'horizon de l'Utopie chevauchant… Bon, on va arrêter là. Le « non », c'est la révolte, c'est l'insurrection, c'est la puissance du refus arc-bouté sur les barricades de l'Honneur donnant la main à la Grandeur vers le même horizon que tout à l'heure, mais en couleurs. En un mot comme en cent : *the yes needs the no* et vice versa, quoique réciproquement.

Je sais bien que la situation de la France n'est pas brillante, oh là là, non, elle n'est pas brillante, c'est rien de le dire. Mais comme disait l'immense poète Saint-John Perse, « qui vivra verra, que sera sera », et toutes sortes de choses. Je prends devant vous l'engagement solennel de faire tout ce qui est en mon pouvoir pour que nul ne puisse dire, ici ou ailleurs, demain ou après-demain, que je n'ai pas pris l'engagement de prendre cet engagement. On me dit qu'il y a du chômage. Eh bien, laissez-moi vous dire une chose : le chômage n'a qu'à bien se tenir. Je serais à sa place, je n'en mènerais pas large. Et même, comme dirait l'immense poète San-Antonio, je numéroterais mes abattis. Tremble, Chômage ! Ta dernière heure est arrivée ! L'immense cohorte des voleurs de feu suivie par la non moins immense cohorte des chevaliers de l'impossible chevauchant ce que vous voulez est en marche pour te traquer, jour et nuit, vingt-quatre heures sur vingt-quatre, sept jours sur sept, non-stop et jours fériés compris – voilà comment on crée des emplois.

Il faudrait, me dit-on ici et là, entends-je ici ou là, choisir entre une approche sociale et une démarche libérale. Mais le social et le libéral sont comme les deux doigts d'une seule main empoignant le tournevis qui permet de tournevisser, la pince universelle qui permet de pincer universellement, la truelle qui permet de trueller les murs de la fondation d'un avenir qui est devant nous comme tout avenir qui se respecte. Non, mesdames et messieurs, chères et chers compatriotes, la fatalité n'est pas une fatalité ! Rien n'est écrit, pas même ce discours que j'improvise à haute voix devant vous, porté par le grand vent de l'Histoire, soulevé par le souffle de l'épopée, transporté par le char de l'État ! Nous ferons reculer les ténèbres de la résignation ! Nous allumerons les feux de l'espoir ! Nous suivrons le GPS de l'enthousiasme ! Tournons la manivelle de la volonté ! Actionnons les pistons de la persévérance ! Bloquons le régulateur de vitesse sur l'autoroute de la reconquête ! Aujourd'hui est un nouveau jour, demain en sera un autre, après-demain aussi, et je ne parle pas des autres qui seront des autres jours jusqu'à la consommation des siècles et l'extinction des feux.

Souvenons-nous, en cet instant solennel qui marque le début du commencement du départ des cent jours qui marqueront à jamais l'histoire de notre cher et vieux pays, souvenons-nous que l'oubli empêche de se souvenir de ce qu'on voulait dire. Mais foin du passé ! Foin des souvenirs ! Foin de l'oubli ! Seule compte la perspective exaltante de la tâche qui nous attend, mobilisons nos énergies pour construire pas à pas, parpaing par parpaing, la pyramide de l'Espérance qui est belle-mère de l'Attente et cousine par alliance de l'Optimisme chevillé au corps, afin que se réalise la prophétie de l'immense poète Johnny Hallyday : « Pour moi la vie va commencer ! »

Tel est, chers lecteurs et lectrices, le discours auquel vous avez échappé. Je m'exerce. On ne sait jamais…

La textique du gendarme
25 juin 2005

Du rififi dans la textique ! Le lecteur se souvient peut-être que, voilà peu, j'avais tenté de percer les secrets de cette science aussi secrète que mystérieuse, intrigué par l'annonce d'un colloque au Centre culturel international de Cerisy-la-Salle ainsi libellé : « Textique : l'interscrit (affinement de l'exhaustion) ». Eh bien, mesdames et messieurs, sachez-le : la textique se rebiffe. La textique renaude. La textique n'est pas contente. Du tout. Et elle le fait savoir, plutôt deux fois qu'une : par une lettre à moi adressée ; et par un droit de réponse à *Marianne* exigé. Vous me direz : comment diable la textique peut-elle exiger un droit de réponse ? Existe-t-il un président du conseil d'administration de la textique ? Un secrétaire national du comité central de la textique ? Un administrateur judiciaire des intérêts de la textique ? Que non, que non ! Mais il existe un M. Daniel Bilous, professeur de langue et littérature française, à l'université du Sud (Toulon-Var). Qui m'écrit ceci : « Je prie instamment *Marianne* d'insérer le texte que je vous joins en document attaché, au titre du droit de réponse. En effet, M. Rémond s'en prend à la "textique" et, s'il ne me nomme pas expressément, je suis quand même visé à un double titre : il se fait que depuis quelque quinze ans je compte au titre de ces experts qu'il brocarde et que depuis 2005 j'enseigne la discipline mise en cause à l'UFR de mon université. Je réagis parce que la textique est désormais, par là, attachée à mon nom, que je n'ai aucune raison d'en laisser dire n'importe quoi et que je reçois de la part de mes étudiants des échos goguenards qui n'ont pas plus de fondement que la rubrique qui les motive.»

Que la textique soit attachée au nom de M. Daniel Bilous, je veux bien le croire sur parole. Et je le félicite pour cet attachement qui, néanmoins et nonobstant, ne saurait l'autoriser à accaparer pour lui seul la cause sacrée de la textique. Que les étudiants de M. Daniel Bilous s'appuient sur ma désolante chronique pour exprimer leur goguenardise à l'égard de la textique est en effet navrant. Et je comprends que M. Daniel Bilous, dont le nom est désormais, pour le monde entier et pour les siècles des siècles, attaché à la textique, ne voie aucune raison d'en laisser dire n'importe quoi. Où irions-nous, en effet, si on laissait dire n'importe quoi de quoi que ce soit attaché à qui que ce soit ? C'est donc bien volontiers que je donne la parole à l'attaché parlementaire de la textique. Même si, soit dit en passant, je pourrais être fondé à trouver saumâtre de le voir dénier à ma chronique tout fondement.

Mais venons-en au fait. Que me reproche donc M. Daniel Bilous ? D'abord, il me connaît. «J'ai croisé Alain Rémond en 1999, à Mirmande – peut-être s'en souvient-il – lors d'un colloque sur le faux.» Je me souviens en effet de Mirmande. Je me souviens du faux. Mais y fut-il question de textique ? Vous pensez bien que je m'en souviendrais. On ne croise pas la textique sans s'en souvenir. La textique laisse forcément un souvenir indélébile. Mais là n'est pas le fond du problème. Le fond du problème, c'est que mon article, «à trop d'égards, est brillant d'inepties». Pour commencer, j'ai parlé d'un colloque sur l'affinement de l'exhaustion de l'interscrit de la textique. Or, tient à me préciser M. Daniel Bilous, il ne s'agit nullement d'un colloque. Mais d'un

« séminaire de recherche ». Voilà, en effet, qui change tout. Un colloque se contente de colloquer. Un séminaire de recherche recherche. Et j'aime autant vous dire que l'exhaustion de l'interscrit de la textique n'a qu'à bien se tenir. Elle est recherchée par tout un séminaire. Ça va barder !

Autre ineptie : j'ai écrit, sur la foi du journal *Le Monde*, que la chose avait lieu du 1er au 15 août. Or, me tance vertement M. Daniel Bilous, elle aura lieu du 1er au 11 août. Soit quatre jours de moins pour venir à bout de l'affinement de l'exhaustion de l'interscrit de la textique. L'exploit n'en sera que plus grand. Je m'incline.

Reste la plus inepte des inepties de cet article brillant d'inepties. Je laisse la parole à l'attaché : « La verve comique d'un si primesautier descriptif doit être reconnue [je rosis sous le compliment, franchement, fallait pas…] mais il faudrait aussi, peut-être, s'interroger sur sa pertinence. Est-ce une caricature ? Nullement. Tout portrait-charge doit offrir des traits saillants typiques de sa victime. Or je peine à reconnaître les recherches que nous menons sous l'amphigourique fatras de sémiologie mâtinée de psychanalyse, avec clins d'œil barthésiens, tout ensemble anachroniques et plutôt loin de la cible désignée. » En clair, M. Daniel Bilous m'accuse, en termes à peine voilés, de ne strictement rien connaître à la textique.

Il est temps, je le vois bien, de passer aux aveux. Le sympathique quoique sourcilleux attaché de la textique a mille fois raison. Je n'ai jamais vu une textique de ma vie. Je ne saurais même pas décrire une textique. Je n'ai jamais assisté à l'affinement de l'exhaustion de l'interscrit de la textique. Je n'ai jamais participé au moindre voyage de presse dans les laboratoires secrets où s'élabore cette délicate opération. J'ai fait une entière confiance à mon imagination. Je suis un poète de la textique, un aède de l'exhaustion de l'interscrit. J'ai voulu hausser la textique au rang de l'épopée. J'ai voulu être le Dominique de Villepin de l'affinement de l'exhaustion de l'interscrit de la textique. Me voilà bien mal récompensé. L'Université, en la personne de l'attaché à la textique, me tape sur les doigts.

Et pourtant rien ne pourra jamais m'empêcher de chanter la gloire de la textique. Je continuerai, contre vents et marées, à affiner comme un malade l'exhaustion jusqu'à plus soif de l'interscrit jusque dans les interstices. C'est plus fort que moi. J'écris ton nom, textique !

Le touriste, c'est l'autre

13 août 2005

C'est fou ce qu'on voit comme vacanciers pendant les vacances. Des gens en bermuda qui errent dans les rues d'un air accablé, s'arrêtant pour faire tourner des cartes postales ou retourner des boîtes rondes qui font meuh. Voilà ce que se dit le vacancier pendant ses vacances, en regardant les autres vacanciers. Qui, eux-mêmes, le regardent en pensant exactement la même chose. On est toujours le vacancier de quelqu'un. C'est le drame de la vie moderne. Le tourisme a eu comme conséquence immédiate de fabriquer des touristes. Qui, bien entendu, sont persuadés de ne pas être eux-mêmes des touristes. Le touriste, c'est l'autre. Qu'est-ce que les touristes seraient tranquilles s'il n'y avait pas tous ces touristes autour d'eux ! Moches, vulgaires. Désagréables. Se sentir différent, avoir l'air de tout sauf d'un touriste : tel est le véritable enjeu des vacances. Évidemment, le meilleur moyen, c'est encore de ne pas être habillé en touriste, tee-shirt, casquette et bermuda. D'un autre côté, il fait chaud. Et on est en vacances. On ne va tout de même pas se promener en costume-cravate, juste pour ne pas avoir l'air d'un touriste. Cruel et insoluble dilemme.

Résultat, quand on voit un type en costume-cravate, on sait qui c'est : c'est Dominique de Villepin. Qui prend des vacances, comme tout le monde. Mais qui tient à faire savoir qu'il n'est pas comme tout le monde. Certes, il prend des vacances. Mais il n'est pas un vacancier. Ni un touriste. Il est Premier ministre, vingt-quatre heures sur vingt-quatre. Occupé à sauver la France, même sur les plages. Et si ce n'est pas Villepin, c'est un de ses ministres. Réquisitionné pour faire de la figuration dans le grand feuilleton télé de l'été : « Bronzez tranquilles, on veille sur vous. » C'est censé nous rassurer. Car il faut le savoir : le Français est inquiet. Même en vacances. Surtout en vacances. Il a besoin de savoir qu'on s'occupe de lui. Il a besoin qu'on lui raconte de belles histoires. Le Français est un petit être fragile. Traumatisé par l'échec de Paris aux Jeux olympiques. Entre autres. Pauvre petite chose ! Voir des costumes-cravates au JT, ça le réconforte. Ça lui remonte le moral. Telle est la théorie en vogue chez les costumes-cravates. Mon Dieu, si ça les rassure, eux, si ça leur donne l'impression d'être indispensables, où est le mal ? C'est juste un peu pathétique.

Disons maintenant la vérité : le vrai bonheur des vacances, ce n'est pas de déambuler au milieu d'autres vacanciers en essayant de ne pas leur ressembler. Encore moins de tomber sur un costume-cravate soi-disant en vacances qui tient à vous serrer la main. Le vrai bonheur des vacances, ce sont les amis. Voyez, là, pendant que je suis en train d'écrire cette chronique, je les entends parler, par la fenêtre ouverte. Évidemment, j'aimerais mieux être avec eux, au milieu d'eux. À l'ombre, sous les arbres, à bavarder, à plaisanter, à discuter de tout et de rien. Plutôt que d'être enfermé, assis à mon bureau. D'un autre côté, les lecteurs, aussi, sont des amis. Passer du temps à leur écrire, c'est passer du temps avec des amis. Je les imagine (je vous imagine), à l'ombre, sous les arbres, en train de bavarder tranquillement. Comme mes amis, derrière la fenêtre. Que je rejoindrai pas plus tard que tout à l'heure. Tout va bien. On les voit aussi en dehors des vacances, les amis. Bien entendu. Mais en vacances, ce n'est pas pareil. On a le temps. On prend le temps d'avoir du temps ensemble.

On flâne, on paresse, on mange, on se promène. Entre amis. Et quand des amis s'en vont, d'autres amis arrivent. Et puis il y a les amis des amis. Qui deviendront des amis si affinités. Recevoir des amis, être reçu par des amis, c'est le sel des vacances. On fait le plein de paroles, de sentiments. De chaleur.

La grande question, c'est celle des assiettes. On est à table, on a mangé le melon, le poisson, on passe au fromage. Alors on se lève pour changer les assiettes. Les amis se récrient : mais vous n'allez pas changer les assiettes ! On les rassure : ne vous en faites pas, on a un lave-vaisselle. Les amis : mais même ! C'est idiot ! On est en vacances ! On garde les assiettes ! Bien entendu, on les change quand même, dans un concert de protestations. Le comique, c'est que, quand on se retrouve chez ces mêmes amis, on joue exactement la même pièce, mais en inversant les rôles. Au fromage, ils changent les assiettes. Nous : mais ça va pas ! Eux : mais si, on a un lave-vaisselle ! Etc. Le rite des assiettes est un des ciments de l'amitié. Avec sa part de comédie et de mauvaise foi. J'aimerais savoir combien de dizaines de milliers de personnes disent en même temps, chaque soir, pendant les vacances : mais vous n'allez pas changer les assiettes !

Un autre rite, c'est la salade. C'est bon, c'est facile, c'est pas cher. Et alors chacun a un truc à mettre dans la salade. Parce que chacun a sa culture de la salade. Voilà ce que j'appelle de vrais échanges culturels. La salade, c'est comme l'amitié. C'est bon. C'est nourrissant. Et instructif : on n'aurait pas eu l'idée de mélanger ceci avec cela.

Là, voyez, je ne les entends plus. Ils doivent être en train de lire. Ou de piquer une petite sieste. Ou alors ils sont partis se promener. Le silence des amis est un silence plein d'amitié. J'entends le bruit du vent dans les feuilles, la pétarade d'une mobylette, un chant d'oiseau. Tout à l'heure reprendra la ronde des paroles. Et le rite des assiettes. Après, on écoutera le silence de la nuit. On regardera le ciel et les étoiles. On se demandera si c'est signe de beau temps. Chacun aura sa théorie. On se disputera pour la forme. Et on se taira tellement c'est beau.

Encore quelques jours et la trêve sera finie, on n'aura plus le temps, on sortira nos agendas. Je vous laisse. Je vais les retrouver.

Sociologie de la benne

20 août 2005

Le dernier salon où l'on cause, à la campagne, c'est la déchetterie. Tout le monde ou presque s'y retrouve, occupé à se débarrasser de ses saloperies. C'est pratique. Et c'est écologique. Au plaisir de jeter s'ajoute la satisfaction d'accomplir un geste citoyen. Que demander de plus ? Jeunes et vieux, hommes et femmes, habitants du cru et résidents secondaires, prolos et bobos, 4L pourries et 4 × 4 m'as-tu-vu, c'est le grand mélange, le grand brassage, allez hop, on balance, on jette, dans un bruit de ferraille et de verre fracassé, qu'est-ce que ça fait du bien. Attention ! On ne jette pas n'importe quoi n'importe où ! C'est hyperorganisé, rapport au recyclage. Le bois avec le bois, le papier avec le papier, le plastique avec le plastique. Et ainsi de suite. Malheur à celui qui se trompe ou qui s'en balance. Il se prend une avoinée, mon vieux, il n'est pas près de recommencer. C'est qu'un responsable surveille toute l'opération. Sympa. Mais strict. Il a bien raison. Parce que s'il faut retrier ce qui a déjà été trié, à quoi ça sert que tout le monde se décarcasse ?

Maintenant, soyons précis. Dans quoi jette-t-on ? Dans des bennes. Devant chaque benne, une pancarte : végétaux, bois, verre, journaux, bouteilles en plastique, ferraille, cartons, encombrants. Et j'en oublie sûrement. En général, là où il y a le plus de monde, c'est devant la benne des déchets végétaux. En pleine période de tonte de gazon, on y balance des tonnes et des tonnes d'herbe bien grasse. Là, avec la sécheresse, ceux qui jettent de l'herbe se dénoncent tout seuls : ça veut dire qu'ils arrosent comme des malades. Ce qui est interdit, non mais ! Sinon, en toute saison, on sort du break ou de la remorque des monceaux de branchages, comme quoi ça taille à mort dans les jardins. On se pique, on se griffe, on sort de là plein d'égratignures, c'est tout sauf une sinécure. Le lancer de bouteilles vides dans la benne, par contre, quel pied ! Un vrai jeu de massacre. Pour une fois qu'on a le droit de tout bousiller, de tout casser, et même que c'est pour la bonne cause, on aurait tort de s'en priver. Et dzing ! Et dzang ! Et badadzong !

Le plus accablant, c'est la benne aux journaux. Quand on est journaliste, je veux dire. Voilà où ça finit, toutes nos trouvailles, tous nos effets de style. À la benne. Au milieu des prospectus publicitaires. Et des annuaires périmés. Ma prose est un déchet : dur à avaler, tout de même ! Mais bon, c'est la vie. Avec tout ça on fera du beau papier tout neuf. Sur lequel on écrira d'autres articles. Belle leçon de philosophie, n'est-il pas ?

Les deux bennes les plus fascinantes sont celle de la ferraille et celle des encombrants. Les encombrants, déjà, c'est flou, comme concept. C'est quoi, exactement ? Je vais vous donner la réponse : c'est n'importe quoi. En gros : ce qui n'entre dans aucune autre benne. Ça va de la machine à laver au réfrigérateur, en passant par le rouleau de moquette ou les étagères en plastique, le poste de télé ou le sommier défoncé. Tout. Et n'importe quoi. C'est là qu'il faut faire attention. Parce que, dans toute déchetterie digne de ce nom, vous avez deux catégories de citoyens : ceux qui jettent, ceux qui récupèrent. Et ceux qui récupèrent sont souvent au fond de la benne des encombrants. En train de voir si ce micro-ondes pourri ou ce fauteuil délabré, tout compte fait, ne pourraient pas connaître une deuxième vie. Avec un peu d'astuce. Et un bon tournevis. Ce qui fait que, quand on jette une cuisinière, on a intérêt à vérifier qu'il n'y a personne en dessous. Même chose pour la ferraille. Qui attire le ferrailleur comme l'aimant la limaille. Faites gaffe avant de balancer votre clé de douze toute rouillée ou la tuyauterie de votre vieille salle de bains : un ferrailleur est peut-être en train de ferrailler là-dessous. Ça me rappelle quand j'étais petit. Avec mon frère, on adorait fouiller dans le trou à ordures du bourg (qui ne s'appelait pas encore une déchetterie), où tout était jeté en vrac. On récupérait de vieux jouets cassés, des machins bizarres et des trucs rigolos. Avec lesquels on bricolait des bidules improbables. Alors, quand je suis au bord de la benne à ferraille, ça me démange. Je me dis que ça doit être plein de trésors, cachés, là, tout au fond. Qui vont finir bêtement dans la machine à recycler. Quelle qu'elle soit.

Mais il n'y a pas que les déchets, dans la déchetterie. Il y a aussi les gens qui jettent les déchets. Dont l'observation est riche d'enseignements. Vous avez les pros du rangement, du pré-triage. Ils sortent des caisses en plastique où tout est déjà parfaitement rangé, le papier avec le papier, les bouteilles avec les bouteilles, etc. En cinq minutes, l'affaire est pliée. Ils repartent sans même s'être sali les mains. Et puis vous avez les bordéliques, qui sortent de leur voiture un invraisemblable foutoir, ils passent un temps fou à tout trier sur le tas, à faire des allers-retours incessants d'une benne à l'autre, ils y passent la demi-journée. Personnellement, je suis du genre à vouloir tout trier à l'avance. Et à ne pas totalement y parvenir. Je suis un ordonné bordélique.

Et puis, comme il y a plein de voitures, il faut faire des manœuvres, des marches arrière compliquées, laisser passer les autres, etc. Manquerait plus qu'avoir un accident à la déchetterie. La bagnole directement à la ferraille, sacrée journée. Et c'est là que se dévoilent les caractères : ceux qui sont gentils, fair-play, civilisés. Et les gros bœufs qui forcent le passage, tire-toi de là ou je t'écrase. Les encombrants, quoi.

À qui on a envie de dire : ton cirque, gros naze, va le faire ailleurs (hi hi !).

Au bal des manchots, j'ai fait banquise !

27 août 2005

Lisant les gazettes pendant mes vacances, je suis tombé sur une info qui m'a cloué dans mon transat : *La Marche de l'empereur* fait un tabac aux États-Unis. *La Marche de l'empereur !* J'ai vu ce film voilà trois ou quatre mois, au moment de sa sortie. La bande-annonce m'avait intrigué. Je me suis dit que ça allait me reposer les neurones. La neige, la banquise, le grand silence, tout ça. Au bout de cinq minutes, j'ai compris mon erreur. Ma dramatique, horrible, épouvantable erreur. J'ai compris que j'étais parti pour voir l'un des pires films de ma pourtant longue carrière de spectateur de films. Et je n'en avais encore vu que cinq minutes ! Il en restait encore quatre-vingts, au bas mot ! Si, au moins, je m'étais endormi. Ça m'est arrivé plus d'une fois, je le confesse, avec des films tellement soporifiques qu'ils feraient regretter l'invention du cinéma. Mais là, impossible, j'étais trop en rage. Et la rage empêche de s'abandonner aux délices du sommeil.

Bon, d'accord, les manchots sont au poil. À eux, au moins, je n'ai rien à reprocher. Ils marchent sur la banquise en procession, plongent dans l'eau glacée, pondent des œufs gros comme ça, ils sont mignons comme tout. Ils font des milliers de kilomètres pour se retrouver tous ensemble façon Woodstock. Les mâles couvent pendant que les femelles refont les mêmes milliers de kilomètres dans l'autre sens. Puis reviennent. Et c'est alors aux mâles de refaire les milliers de kilomètres. Ça pourrait être barbant, des manchots qui passent leur temps à faire des milliers de kilomètres sur la banquise. Ou à attendre ceux qui font des milliers de kilomètres. Mais pas du tout : c'est beau, c'est poétique, et puis ils ont plein de mimiques, d'attitudes qui les rendent irrésistibles. Alors, qu'est-ce qui ne va pas ? Ce qui ne va pas, c'est le film. Pas les images : le film lui-même.

Figurez-vous que le réalisateur, Luc Jacquet, a eu l'idée qui tue : faire parler les manchots. Il s'est dit qu'un documentaire classique, avec un commentaire en voix off, ça allait être barbant au possible, façon soirée diapos. Et que, s'il voulait toucher le grand public, il fallait l'avoir par les sentiments, il fallait l'émouvoir, le faire rire, pleurer, trembler. Comment ? En le faisant s'identifier aux petites bébêtes. Il a donc voulu transformer son documentaire en fiction, avec deux personnages principaux : le papa manchot et la maman manchote. Plus, après sa sortie de l'œuf, le bébé manchot. Et il a demandé à deux comédiens, Charles Berling et Romane Bohringer, de faire les voix du papa et de la maman. Au début du film, donc, on voit un manchot. Et on entend la voix de Charles Berling, comme quoi c'est lui, là, sur l'écran. Puis on voit un autre manchot qui est une manchote. Et on entend la voix de Romane Bohringer, comme quoi c'est elle, là, à côté du manchot Berling.

Au bout de cinq minutes (mais je vous l'ai déjà dit), on n'en peut plus. D'abord, c'est complètement idiot : les manchots sont des centaines, des milliers, des millions. Comment voulez-vous qu'on reconnaisse le manchot Berling et la manchote Bohringer ? Il n'y a rien qui ressemble plus à un manchot qu'un autre manchot. Ou une manchote. On entend Berling et Bohringer et on se demande qui diable, au milieu des milliards de manchots et de manchotes, est en train de parler. Bref : on s'en fout complètement, du manchot Berling et de la manchote Bohringer. Enfin, on aimerait bien s'en foutre, sauf que ce qu'ils racontent est d'une niaiserie à pulvériser tous les records de niaiserie. Ça s'appelle de l'anthropomorphisme : prêter aux animaux les sentiments des humains. Papa Berling est tout amoureux de maman Bohringer, *rhââ lovely*, qu'est-ce qu'ils sont amoureux ! Et quand papa Berling reste tout seul à couver son œuf, qu'est-ce qu'il aimerait bien que maman Bohringer revienne, ah, Romane, reviens, j'ai besoin de toi !

Tout ça parce que le réalisateur pense qu'on n'est pas assez intelligents pour s'intéresser à des animaux en tant qu'animaux. Qu'on est trop bêtes pour ça. Qu'on a besoin qu'on nous parle comme à des petits enfants, il était une fois un papa manchot et une maman manchote qui s'aimaient très fort et alors papa manchot dit à maman manchote... Et la musique ! Parce qu'il y a aussi de la musique. Une musique scie-nerfs, à donner envie de se flinguer (après avoir tué les deux manchots). Pendant les rares moments de silence, on se dit que la bande-son est foutue, cramée, rayée, qu'on va être tranquilles jusqu'à la fin du film. Mais non ! La musique revient ! Et pas qu'un peu !

Et donc, pendant mes vacances, allongé dans mon transat (vous voyez que je ne perds pas le fil), voilà que je lis que ce film fait un tabac aux États-Unis. Dans un accès d'antiaméricanisme primaire qui me fait honte, je me dis d'abord que ça ne m'étonne pas. Américains grands enfants et gnagnagna, pas la peine de vous faire un dessin. Quand on voit les daubes qu'ils plébiscitent et gnagnagna. Et puis je tombe, dans une autre gazette, sur une autre info. Qui précise deux choses. Premièrement : les Américains ont viré le doublage débile Berling-Bohringer, pour le remplacer par un commentaire classique, en voix off (lu par Morgan Freeman). Deuxièmement : ils ont viré la musique scie-nerfs, pour la remplacer par une autre. Et c'est cette version qui, chez eux, fait un tabac. Comme quoi les Américains ne sont pas si idiots que ça. Moins masochistes que nous, en tout cas. Toute dernière info : je lis aujourd'hui même, dans une autre gazette (encore), que, « pour fêter le triomphe que fait actuellement le film dans 2 100 salles aux États-Unis », *La Marche de l'empereur* ressort en copie neuve à Paris.

Je n'ai qu'une seule question : dans quelle version ? J'exige de le voir dans la version américaine ! Vive l'impérialisme culturel yankee !

Cintrisme révolutionnaire

3 septembre 2005

Je suis tombé sur une petite annonce passablement intrigante dans *Libération*. Elle est nichée dans la rubrique « Entre nous », à l'intérieur de la sous-rubrique « Messages personnels ». Je vous la recopie : « Trois semaines, toi à t'évader, moi à devenir adulte, chacun dans notre coin. Envie de te dire qu'un nous peut exister… Nicolas. » Faites comme moi, relisez-la tranquillement, posément. Visiblement, le signataire de cet émouvant message a été largué par celle qu'il aime, qui s'est « évadée ». Il cherche à la reconquérir en lui affirmant qu'il est « devenu adulte ». Il plaide pour une réconciliation, le recommencement d'un « nous » en couple. Et c'est signé Nicolas. Ne me dites pas que vous ne pensez pas la même chose que moi. Comme par hasard, cette annonce paraît après la couverture choc de *Paris Match* : Cécilia et son ami étudiant les plans d'un appartement à New York. Répondre à la une tapageuse de *Paris Match* par une petite annonce glissée en catimini dans *Libération* : voilà qui ne manque pas de classe. La suite, peut-être, au courrier des lecteurs de *Marianne*. Quoi qu'il en soit, la bonne nouvelle, c'est que Nicolas serait « devenu adulte ». Enfin.

Parlons maintenant de François et du *Figaro*. Sous le titre « Bayrou se lance en agitateur d'idées », je lis dans *Le Figaro* une information stupéfiante : « L'un des plus proches amis du député béarnais s'est dit heureux de retrouver le Bayrou "Géo trouvetout" d'il y a quelques années, inventeur paraît-il d'un cintre à défroisser les costumes dans les valises. » Et on nous avait caché ça ! Bayrou a inventé un cintre à défroisser les costumes dans les valises, et personne n'en savait rien ! C'est pourtant autrement coton, comme invention, que de mettre au point le « centrisme révolutionnaire » ! En tant que président fondateur et membre unique du Mouvement pour un cintrisme révolutionnaire, en tant que postulant perpétuel, inamovible et inoxydable au secrétariat d'État aux Cintres, je m'estime fondé à demander à François Bayrou la vérité sur son cintre à défroisser les costumes dans les valises. Est-il en mesure de nous le montrer ? Ou, à tout le moins, d'en produire les plans, voire la maquette, d'en expliquer le principe de fonctionnement ? A-t-il déposé son brevet à l'Institut de la propriété industrielle ?

Et d'abord : est-ce que ça marche ? François Bayrou l'a-t-il testé sur ses propres costumes ? Dès sa prochaine prestation télévisée, je vous prie de croire que je vais l'avoir à l'œil. Son costume, je veux dire. Sa crédibilité est en jeu. Celle de François Bayrou, je veux dire. Car c'est une chose de faire savoir, par le truchement d'un ami, qu'on a inventé un cintre à défroisser les costumes dans les valises. C'en est une autre de pouvoir le prouver. La confiance du peuple français en ses représentants, nul ne l'ignore, est minée, sapée par le trop long catalogue des promesses non tenues. L'affaire du cintre à défroisser les costumes dans les valises pourrait rejaillir sur toute la classe politique et avoir des effets dévastateurs si, d'aventure, il s'avérait que c'est du pipeau. La France exige la vérité, François Bayrou ! Elle est suspendue à vos lèvres ! Et, surtout, à votre cintre. Ouvrez votre valise ! Montrez vos costumes !

J'aimerais, d'autre part, attirer votre attention sur un point de la plus haute importance. Dans ce monde qui est le nôtre, marqué par une guerre économique sans pitié, qui voit nos placards se remplir de chaussures chinoises, votre cintre à défroisser les costumes dans les valises, s'il existe, ne serait-il pas une formidable arme de conquête économique ? Avez-vous idée, monsieur le président de l'UDF, du nombre de gens qui, dans le monde entier, pestent chaque jour contre leurs costumes froissés en ouvrant leurs valises ? Il y a là un marché mondial, planétaire, cosmique, intergalactique. Le patriotisme économique, cher à M. de Villepin, n'exige-t-il pas que, toutes affaires cessantes, vous mettiez votre prodigieuse invention au service de l'industrie française ? Imaginez, juste une seconde, les centaines de milliers d'emplois créés par la future filière française du cintre à défroisser les costumes dans les valises ! Le chômage enfin terrassé ! Le commerce extérieur bénéficiaire en milliards d'euros, grâce aux exportations tous azimuts de ce produit miraculeux ! Le déficit budgétaire comblé ! Les critères de Maastricht respectés ! Non, François Bayrou, vous ne pouvez pas vous dérober : le centrisme peut attendre, le cintrisme est une urgence.

En ce qui me concerne, je suis prêt à m'engager avec vous dans cette aventure exaltante, enthousiasmante. Je suis à votre entière disposition pour vous décharger des menues tâches de gestion et autres soucis inhérents à ce genre d'entreprise et incompatibles avec votre emploi du temps. Je n'y connais strictement rien, mais, si la foi soulève des montagnes, l'enthousiasme peut faire des miracles. Un jour, des milliards d'hommes ouvriront leurs placards sur des cintres *made in France* qui non seulement ne les agresseront pas (la malédiction du cintre sera enfin vaincue), mais défroisseront leurs costumes dans leurs valises (et n'oublions pas les femmes, car ce cintre défroissera aussi les robes). Et à qui le devront-ils ? À vous, François Bayrou (et à moi aussi, quand même). Je suppose que vous avez noté, comme moi, que la nouvelle patronne du Medef, Laurence Parisot, préside aux destinées de l'entreprise Optimum, leader du placard sur le marché français. N'est-ce pas là un signe du destin ? Elle fabrique des placards. Nous fabriquerons des cintres à mettre dedans ! Entre centriste et cintré, nous sommes faits pour nous entendre.

J'attends votre réponse avec confiance. Vous pouvez écrire à *Marianne*, qui transmettra.

Un million de manifestants et moi, et moi, et moi !

8 octobre 2005

En fait, je serais plutôt manif, comme genre. J'en fais au minimum une par an. C'est bon pour le moral. Et, accessoirement, pour les mollets. À condition de ne pas trop piétiner. Le surplace, ça tue. Les muscles se refroidissent. Hop, ça repart. On a à peine le temps de refaire marcher la machine que ça s'arrête. C'est antisportif au possible. Le problème, c'est que plus une manif est réussie, plus on fait du surplace, rapport à l'écoulement du trafic. C'est mathématique. Cruel dilemme. Parce qu'il y a une chose dont le manifestant a besoin, c'est de savoir que la manif est réussie. Une manif qui s'effiloche, pleine de trous, ça lui casse le moral. Il est là pour faire nombre. Pour qu'il entende à la télé, le soir : plus de 1 million de manifestants ! Sinon, ça vaut pas. L'autre chose, c'est la météo. Rien de plus triste qu'une manif sous la pluie. Manif mouillée, manif ratée. On est tous là sous nos parapluies, à faire la tronche, à nous tremper les chaussures, à nous cogner les baleines les uns dans les autres. C'est pitoyable. La manif de mardi dernier, côté météo, c'était parfait : pas trop chaud, pas trop froid, pas trop de vent. Et pas de pluie. Idéal pour marcher.

Cela dit, une manif pose deux problèmes logistiques. Premièrement : retrouver les copains. C'est quand même plus sympa de défiler avec des copains plutôt que seul, noyé dans la masse.

Même si, bien entendu, on est tous là entre camarades, c'est la lutte finale, etc. Mais, bon : les camarades, c'est bien. Les copains, c'est mieux. Donc on se fixe un rendez-vous. Au coin de la rue Charlot et du boulevard Beaumarchais, par exemple. À 14 h 30. Parfait. Le problème, c'est qu'on n'est pas tout seuls à avoir eu la même idée. Apparemment, des milliers, des dizaines de milliers de gens se sont donné rendez-vous au coin de la rue Charlot et du boulevard Beaumarchais à 14 h 30. La rue Charlot est inabordable. Le boulevard Beaumarchais bondé. Le salut vient du portable. Voilà à quoi a servi l'invention du portable : à se retrouver dans les manifs. « Vous êtes où ? » Sauf qu'une manif, ça fait un boucan du diable. Sirènes, trompettes, pétards, fumigènes, tambours, sono d'enfer, slogans, chants révolutionnaires : impossible d'entendre quoi que ce soit dans le portable. « Vous êtes où ? Hein ? Où ? J'entends rien. Je dis : J'ENTENDS RIEN ! T'es sourd ou quoi ? Hein ? Moi aussi, je suis sourd ? Peut-être, mais t'es où ? » Une manif, c'est 1 million de personnes hurlant dans leur portable. Enfin, bon, finalement, avec un peu de chance, on finit par se retrouver.

Reste le deuxième problème : où se mettre dans la manif. Je parle pour des gens dans mon genre, qui ne sont membres ni d'un parti ni d'un syndicat. Sinon, c'est facile : tu te mets sous la banderole, avec tes camarades. Moi, j'aime bien manifester avec tout le monde. Mais en individuel. Avec mes copains. Tous ensemble, ouais. Mais en libre-service. Donc : où se mettre ? Avec qui ? Bien sûr, on peut faire toute la manif en zappant d'un parti à l'autre, d'un syndicat à l'autre. On peut. Mais c'est fatigant. Il faut sans cesse accélérer, décrocher, remonter, doubler… Le mieux est de se trouver un coin peinard, ni trop marqué ni trop compromettant. Pas question, par exemple, de me retrouver noyé dans une marée de pancartes « Respectez notre "non" ! » (au référendum, *of course*).

Des gars du PS, des potes à Mélenchon. Je ne voyais pas bien le rapport avec la manif, qui était pour le pouvoir d'achat, contre le chômage, tout ça. Mais les potes à Mélenchon, dès qu'il y a une manif, ils sortent leurs pancartes pour le « non ». Pas ça, pas moi ! Je n'avais pas envie de me retrouver au JT, le soir, entouré de pancartes pour le « non ». Ou en photo dans les journaux, le lendemain.

Ça m'est arrivé une fois, de me faire enrôler à mon corps défendant. C'était en 1981. J'étais aux *Nouvelles littéraires*, avec Jean-François Kahn (eh oui, déjà !). Je devais couvrir, entre autres, la campagne présidentielle de Georges Marchais. Et, donc, un meeting à la Mutualité réunissant les intellos du PC. Le service d'ordre a obligeamment placé les journalistes au premier rang. Pour ne rien perdre du spectacle. Sympa. Sauf que la semaine d'après, dans *Révolution*, l'hebdo du PC, j'étais en photo plein pot sous le titre : « Les intellectuels soutiennent Georges Marchais ». Alors maintenant je fais gaffe. J'aime mieux savoir sous quelle banderole je mets les pieds. C'est pas que je me défile. Je défile comme tout le monde, avec tout le monde. Mais je me choisis ma niche, une espèce d'entre-deux, de *no man's land*, un peu flou, un peu neutre.

L'autre truc, c'est les tracts. C'est incroyable le nombre de gens qui veulent vous refiler leurs tracts. La moindre tendance d'un sous-groupe d'un groupuscule vous flanque un tract dans les mains. Si on se laisse faire, on finit les poches bourrées de tracts. C'est mauvais pour la marche. Et pour les poches. En même temps, on ne peut pas dire non à tout le monde. Sinon, on se fait mal voir. Alors j'en prends un de temps en temps. Pour montrer ma bonne volonté. Après, le soir, je les lis. Je tombe parfois sur une littérature invraisemblable, appelant au soulèvement général des masses tel jour à telle heure. En même temps, ça permet de prendre le pouls de la société française. Qui est contre quoi et pourquoi. L'un dans l'autre, ça fait du monde.

Tout ça pour dire que j'adore les manifs. Je ne suis pas sûr que ça serve vraiment à quelque chose. Mais j'ai au moins la satisfaction d'exercer un droit fondamental du citoyen, qui est de marcher pour protester. J'aime bien pouvoir me dire que j'y étais, que j'en étais.

Grâce à moi, on a tout juste dépassé le million. On était exactement 1 000 001. Merci qui ?

La textique, l'intrascrit, l'inter(intra)scrit, etc.

22 octobre 2005

Évidemment, je me suis trompé. Dès que j'essaie d'être précis, scientifiquement précis, je me trompe. Il faut dire que j'ai un sens de l'orientation à peu près aussi développé que… Attendez, vous n'allez pas me croire, mais l'alarme vient de se déclencher. Un coup de chalumeau dans un tuyau, sans doute. Rapport à la clim. « Comme par hasard, ça se déclenche dès que tu commences ta chronique », me lance un collègue par la porte du bureau. Je vous jure que je n'y suis pour rien. En tout cas, ça n'aide pas à la concentration. Tûûût tûûût tûûût…

Où j'en étais, déjà ? Ah, ça y est, ça vient de s'arrêter. Reprenons : je me suis complètement planté. Voilà peu, parlant de la manif du 4 octobre, j'écrivais benoîtement : « Donc on se fixe rendez-vous. Au coin de la rue Charlot et du boulevard Beaumarchais, par exemple. » Un lecteur de Moirans ne me loupe pas : « Sauf à penser que mon plan des années 1950 est devenu obsolète et quoique, ancien Parisien, je sois devenu provincial, je voudrais vous faire remarquer, cher Alain, que la rue Charlot n'est pas au coin du boulevard Beaumarchais, mais du boulevard du Temple. » Je suis vraiment trop nul.

En plus, je le signale aux non-Parisiens, la rue Charlot, le boulevard Beaumarchais et le boulevard du Temple sont à un jet de pierre de la rue René-Boulanger, où trône *Marianne*. Comme quoi je n'ai aucune excuse. Je me demande si une petite cure de textique ne me ferait pas le plus grand bien, histoire de ne plus confondre le Temple et Beaumarchais.

La textique, vous vous souvenez? Je m'étais permis, avant l'été, d'ironiser sur l'énoncé d'un séminaire consacré à l'affinement de l'exhaustion de l'interscrit de la textique. Aussi sec, je m'étais fait taper sur les doigts par un ponte de la textique, m'accusant de ne rien connaître à cette admirable discipline. Ce qui était parfaitement exact. Grâce à un lecteur de Saint-Sauveur-le-Vicomte (dans la Manche), cette déplorable lacune est désormais comblée. Il m'envoie, en effet, un ensemble de textes issus des services centraux de la textique, réunis sous l'intitulé: «Textique: interscrit (premiers problèmes)». Ce qui, soit dit en passant, laisse supposer qu'il y en aura d'autres (des problèmes). On ne pourra plus m'accuser de raconter n'importe quoi. Je laisse ce soin aux textiquiens (textiqueurs? texticalistes?) eux-mêmes. Voici donc la textique dans le texte. Accrochez-vous. C'est du costaud qui râpe.

Et d'abord, qu'est-ce que la textique? Réponse: «Une discipline nouvelle visant à établir une théorie unifiée des structures de l'écrit, classique et moderne, dans ses divers modes (schémique, grammique, iconique, symbolique).» Ça va? Vous tenez le coup? On continue. Comment s'y prend-on pour bidouiller le schémique et le grammique? Réponse: «On explore par niveaux l'ensemble des structures loisibles, leurs problèmes et leurs effets, selon des matrices exhaustives à stipulation croissante, réfutables à mesure, le cas échéant, par tout contre-exemple analysé comme tel.» Un petit exemple, je le sens, serait le bienvenu. Ça tombe bien: en voici un, aimablement fourni par le laboratoire de la textique. Prenons l'anagramme. Et soumettons-le à la textique. Voici ce que ça donne (j'espère que vous avez bien dormi): «L'on examinera en praticien dudit genre, soucieux de vérifier ou d'infirmer les intuitions de l'empirie textique au contact de la théorie textique. L'hypothèse est la suivante : lorsqu'un patronyme voit son matériau grammique redisposé pour donner un avatar verbal (acceptable ou non en langue), la réplication est au départ descriptible à partir de ce que la textique nomme interscrit. Toutefois, le caractère interscriptuel de l'anagramme se trouve presque toujours d'emblée masqué par ce qu'on nommera une visée formulaire, elle massivement rhétorique, qui prédétermine la sélection de l'avatar parmi tous les autres combinats possibles. Dès que choisie, la formule associant la base patronymique et son avatar transforme le duo interscriptuel en un seul et même écrit, dont l'orientation, quant à la visée représentative, demeure ambiguë. » Et ça, c'est embêtant.

D'autant plus qu'il n'y a pas que notre vieil ami l'interscrit. Il y a aussi l'« intrascrit ». Et même l'« inter(intra)scrit » et l'« inter(extra)scrit », qu'il ne faut surtout pas confondre, sous peine d'électrocution. Parce qu'il faut bien voir les choses en face : on n'arrivera à rien tant qu'on n'aura pas « opéré le partage entre les domaines intra- et interscriptuels », je dirais même plus entre « les interscriptures et les intertextures au sein d'un interscrit ». Lucidement, les experts en textique n'éludent pas le problème de fond : « Il conviendra de rechercher si la frontière est à concevoir comme une démarcation exclusive ou comme une distinction relative, tributaire de découpes particulières au sein du réel, tantôt isolant, tantôt conjoignant des éléments qui appartiennent en fait à un continuum. » Bon courage, les gars. On est avec vous.

Bien. Je crois que ça ira pour aujourd'hui. La textique, c'est comme tout : il ne faut pas en abuser. Laissez infuser. Faites une bonne sieste. Au réveil, vous serez en pleine forme. Vous saluerez poliment tous les inter (intra) scrits et les inter (extra) scrits que vous croiserez en chemin. Ne craignez rien : ils ne sont pas dangereux. Dotés d'une réplication en béton, vous découperez le réel comme personne. Le combinat et le continuum marcheront main dans la main, dans l'ombre bienveillante de la matrice exhaustive à stipulation croissante. Vous serez surpris de voir comme ça change tout.

En ce qui me concerne, la prochaine fois que l'alarme sonnera, je la conceptualiserai aussi sec en mode schémique, grammique, iconique et symbolique. Elle n'aura qu'à bien se tenir!

Quand les TGV voleront

19 septembre 2005

Il y a une chose que je ne supporte pas – non, je retire cette phrase. Il y a bien trop de choses que je ne supporte pas. S'il n'y en avait qu'une, ce serait le paradis sur terre. Je recommence. Parmi toutes les choses que je ne supporte pas, il y a l'hystérie des fins de voyage dans le TGV. On est à un quart d'heure de l'arrivée. Tout le train baigne dans une douce torpeur, lecture, mots croisés, papotages, somnolence… Soudain, branle-bas de combat. Un passager se lève, passe sa veste, son manteau, saisit sa valise, met son sac à dos, écrabouille quelques pieds qui traînent ici et là. Et se dirige d'un pas martial vers la porte du fond. C'est le signal. Un deuxième passager se lève, puis un troisième, un dixième, un vingtième, un cinquantième. Alerte générale ! En quelques secondes, une véritable folie s'est emparée du train. Tout le monde se lève. Tout le monde déménage.

C'est la grande bousculade, le chacun pour soi. On se prend des coups de coude dans l'œil, on reçoit un imperméable sur la tête, on se fait boxer par un sac de voyage. Tout le monde se précipite vers là-bas, vers le bout, vers le fond. Pour aller où ? Nulle part. Les premiers arrivés au fond butent sur la porte. Les autres s'agglutinent derrière. Ça n'avance plus. C'est mathématique. Et, donc, tout le monde reste debout. À la queue leu leu. Chacun avec ses valises, son sac à dos, son ordinateur portable, son parapluie. Et la cage du chat. Un grand silence s'abat alors sur le TGV, après la frénésie, la fièvre, le sentiment d'urgence. Tous les passagers sont là, debout. Plantés comme des idiots. Il reste encore dix minutes à tenir. Et dix minutes debout dans un train qui n'arrête pas de tanguer, c'est long. Les gens n'osent plus trop se regarder. Ils voient bien qu'ils sont ridicules, les uns derrière les autres, à attendre l'arrivée en gare. Comme s'ils faisaient la queue au cinéma. Pendant ce temps-là, je reste assis, peinard. Avec quelques irréductibles, qui ont résisté à l'hystérie collective.

Non sans mérite : la pression est tellement forte, le branle-bas tellement général qu'on se sent presque fautif, quasiment hors la loi, de vouloir rester assis. En plus, cette frénésie bougiste vous gâche la fin du voyage. Comment continuer à lire tranquillement, au milieu de ce brouhaha, de ce carambolage, avec des gens plantés debout juste à côté de vous, valise à la main, qui vous jettent des regards furibards, coupable que vous êtes de ne pas faire comme tout le monde ?

Enfin, le train entre en gare, cahin-caha. C'est le moment de se lever, de penser à prendre ses affaires. Mais impossible de bouger, de faire le moindre mouvement, avec tous ces gens qui squattent le couloir, qui encombrent l'espace. Qui piétinent sur place, rongés d'impatience. Il faut arriver à se faufiler dans la file. En se sentant une deuxième fois coupable, comme si on grugeait dans une queue de cinéma.

À chaque fois, je me pose la même question : mais pourquoi tous ces gens se lèvent-ils dix minutes avant l'arrivée ? Qu'attendent-ils ? Qu'espèrent-ils ? Croient-ils, sérieusement, qu'ils arriveront plus vite ? Croient-ils que le fait d'être debout avec leur valise et leur sac à dos leur permettra d'arriver à Paris avant un gars comme moi, qui reste peinardement assis ? Ils devraient tout de même savoir, d'expérience, que ce n'est pas vrai. Que ça ne sert strictement à rien d'être debout. Que ça n'accélère rien du tout. Mais non : la fois d'après, ils recommencent. Ils refont la queue dans le train. Il y a là un vrai mystère. Aussi inexplicable que l'échouage collectif de baleines sur la côte. Un comportement qui relève de la pensée magique : si je me lève, j'arriverai avant tout le monde. C'est tout simplement fascinant. À croire que l'impatience est au cœur de l'homme. Il voyage en TGV, pour aller de plus en plus vite. Mais il veut aller plus vite que vite. Ces dix dernières minutes sont de trop. Elles ne devraient pas exister. Alors il se lève pour les abolir. Pour forcer le temps. Il est déjà arrivé, puisqu'il est debout. Pensée magique, vraiment.

Passagers, mes frères, écoutez-moi : ça ne marche pas ! On n'arrive pas plus vite ! On ne fait rien que s'embêter à rester debout avec ses valises ! On a l'air ridicule ! Accessoirement, on embête les autres, ceux qui restent assis. Mais ça, bien entendu, vous vous en foutez. Dans les avions, au moins, personne ne se lève dix minutes avant l'atterrissage. Les gens ont bien trop la trouille. Faites voler les TGV, ça calmera les impatients.

L'autre chose qui m'énerve (parmi toutes les autres choses), ce sont les gens qui se lèvent, dans les salles de cinéma, dès le début du générique. Et qui vous empêchent de le voir. Moi, j'aime bien savoir d'où vient telle chanson que j'ai entendue dans le film. Ou bien où ça a été tourné. Ce genre de choses. Mais vous avez des gens, dès le mot « fin », ils sont debout. Ils ne peuvent pas supporter de rester assis une seconde de plus. Ils ont plein de choses à faire dehors. Alors ils se mettent debout devant moi. Ils me marchent sur les pieds. Ils m'enjambent sans vergogne. Ils me font sentir que je suis de trop. Que je gêne. Que je les embête. Alors que, tout de même, c'est bel et bien eux qui m'embêtent. Si ça se trouve, ils se précipitent dehors pour ne pas louper leur train. Et faire la queue dix minutes avant l'arrivée. Mais enfin, ça m'étonnerait qu'ils aient tous un train à prendre.

Et ne me dites pas que ceux qui sont debout dans le TGV, c'est pour arriver à l'heure au cinéma. Avec leurs valises, leur sac à dos et leur cage à chat, franchement, ça m'étonnerait encore plus.

Revoir le Pont-Neuf une dernière fois

26 novembre 2005

Une lectrice de Vannes (Morbihan), soucieuse de faire avancer le débat, me détaille toutes les raisons pour lesquelles, à son avis, les passagers du TGV se précipitent vers la porte du fond dix minutes avant l'entrée en gare. Et restent plantés debout comme des idiots, avec leur valise, leur sac à dos et la cage du chat. Certaines de ses explications (elle en a trouvé neuf) sont de celles qui viennent immédiatement à l'esprit (attraper le dernier métro, être en tête de la queue pour les taxis…). D'autres sont nettement plus originales.

Celle-ci, par exemple : « Pour se débarrasser plus vite de la copine qui les accompagne et qui, au fond, n'est pas si copine que ça » (quelque chose me dit que ma correspondante sait de quoi elle parle…). Ou bien celle-ci : « Parce qu'avant de partir pour Lille ou Lyon ils ont oublié de baisser le chauffage mis à fond et qu'avec le prix du gaz dix minutes de gagnées, c'est toujours ça. »

Ma rigueur scientifique (bien connue des lecteurs de *Marianne*) m'oblige tout de même à rappeler que ce n'est pas parce qu'on se met debout devant la porte dix minutes avant l'arrivée qu'on arrivera dix minutes en avance. Mais je vois bien qu'il ne sert à rien d'essayer de venir à bout d'une hystérie collective avec des arguments rationnels. Autant essayer de convaincre Sarkozy de ne rien dire à une caméra pendant une journée.

Mais la plus belle des raisons imaginées par cette lectrice est la dernière. La voici : « Parce qu'il leur semble que le monde est en train de s'écrouler et qu'ils aimeraient revoir une dernière fois le Pont-Neuf avant qu'il ne s'écroule. » J'avoue que je n'y avais jamais pensé. Pourtant, c'est d'une évidence qui crève les yeux. L'impatience des passagers du TGV est d'ordre métaphysique. Ils sont mus par une urgence qui les dépasse. Ils sont soulevés (littéralement soulevés de leur siège) par une fièvre irrépressible, incontrôlable. La peur panique de voir le monde s'écrouler. Et l'envie folle, le désir désespéré de revoir le Pont-Neuf une dernière fois, avant que tout ne s'effondre. Voilà une vraie raison. Parfaitement recevable. Et, pour tout dire, éminemment respectable.

Je m'en veux de ne pas l'avoir trouvée tout seul. Le TGV comme parabole du monde comme il va. On fonce, on fonce, et plus on approche du but, plus l'angoisse monte. On se dit que ça ne peut pas durer, que ça ne peut pas continuer comme ça. Il va forcément se passer quelque chose. C'est inévitable, inéluctable. On est trop bête, on fait vraiment n'importe quoi, on casse tout, on gâche tout, le monde va vers sa perte, vers sa fin, c'est sûr et certain. Vite, vite, revoir le Pont-Neuf une dernière fois ! On n'en peut plus d'attendre, on est trop impatient, c'est une question de vie ou de mort, vite, vite, le Pont-Neuf ! Je crois que je vais les regarder d'un autre œil, les grands malades des dix dernières minutes, debout devant la porte, à la queue leu leu. J'aimerais juste qu'ils arrêtent de m'envoyer leur coude dans l'œil. Et de me faire tomber leur valise sur la tête.

À part ça, c'est une belle idée, je trouve, cette idée de la dernière fois. On devrait tout voir comme si c'était la dernière fois. Les arbres, le ciel, les maisons, la mer, les oiseaux, tout. Les gens dans la rue. Le bistrot du coin. La fontaine sur la place. Le magasin de souvenirs (surtout le magasin de souvenirs ! Vendre des souvenirs, c'est vertigineux...). L'enfant qui saute à clochepied. Ou exprès dans les flaques d'eau. Le marchand de journaux. Les vieux murs peints et repeints, tagués et retagués. La jeune femme à vélo. La ruelle perdue entre deux haies d'immeubles. Les écoliers qui rentrent à la maison. L'église, la mairie, la caserne des pompiers. Le petit square. Le kiosque à musique. La lumière, le soir, sur le canal. La passerelle. Les écluses. Le camion poubelle. Les cabanes de chantier. Les palissades. La grue. La vieille dame pensive sur son banc. Les péniches. La tour de trente étages. Le facteur en tournée. La boucherie, la boulangerie, l'épicerie. Les fruits et légumes. Le quai du métro. La tour Eiffel qui scintille. Les amoureux qui se tiennent le bras. Les feuilles qui crissent sous les chaussures. La trace d'un avion dans le ciel bleu. Les camions de livraison. Les gens qui déménagent. Et ceux qui emménagent.

Oui, tout voir comme si c'était la dernière fois. Non pas avec l'innocence, l'émerveillement de la toute première fois, quand on découvre le monde. Mais avec la gravité de celui qui connaît le prix des choses. Avoir dans le regard le poids des souvenirs, qui donne ce prix. Tous ces souvenirs, toute cette vie avec les choses. Toucher du doigt le prix de toute chose. Et imaginer l'imminence de la disparition, de l'effacement. C'est une belle façon de regarder le monde. De se remettre les idées en place. On court, on fonce, on s'agite, on oublie. On ne voit plus. On a le regard distrait des habitués. Les choses, les gens, sont une habitude. Les mêmes choses, les mêmes gens. On vit entre habitués. On ne se voit plus. Imaginer que tout va disparaître, que tout va s'arrêter. Imaginer le regret des choses. De la plus belle. Et de la plus petite. De la plus insignifiante des petites choses. Et le bruit du monde, la rumeur du monde. La symphonie des bruits du monde.

Voilà où ça mène, de prendre le train. Et de pester contre les malades des dix dernières minutes. L'urgence, l'impatience. Être impatient de retrouver le monde, de revoir les choses, avant qu'il ne soit trop tard. Ne bougez pas, les choses. Ne bougez surtout pas. J'arrive!

Je sens que je vais faire un tabac !

3 décembre 2005

Alors là, c'est la meilleure. Les fumeurs hurlent à l'intolérance, parlent d'inquisition, d'ostracisme, de mise à l'écart. Ils seraient les victimes d'un nouvel ordre moral. Ils se posent en martyrs, en réprouvés, en bagnards. Pauvres choux ! Permettez-moi de rigoler trente secondes. Comme on dit dans les cours de récré, c'est çui qui dit qui y est. Qui, pendant des années, voire des siècles, a été victime de l'intolérance du fumeur, sinon le non-fumeur ? Hein, qui ? C'est tout de même fort de café, cette histoire. Parce qu'enfin un type qui ne fume pas n'a jamais gêné un type qui fume. Alors que l'inverse, si. Un type qui fume gêne un type qui ne fume pas. Forcément. Obligatoirement. La fumée du fumeur enveloppe le non-fumeur, lui rentre dedans par les narines, par la bouche, par les yeux, par les oreilles, par les cheveux. Un type qui ne fume pas n'envoie rien du tout dans les oreilles, les yeux, la bouche, les narines, les cheveux du type qui fume. Voilà un fait scientifique. Objectif. Incontestable.

Vous l'avez compris, perspicaces comme vous l'êtes : je suis un type qui ne fume pas. Un non-fumeur. Je tiens tout de même à préciser, pour que les choses soient claires, que j'aurais bien aimé être un fumeur. Je suis un déçu du fumage. Adolescent, j'ai tout fait pour devenir un fumeur. Pour être comme tout le monde.

J'ai allumé des cigarettes façon Humphrey Bogart, l'œil plissé, les mains autour de l'allumette, tout bien comme il faut. Dès la première bouffée, l'horreur. Je toussais, je crachais, je m'étouffais. Et je jetais ma cigarette, humilié. Mon problème, ça n'a jamais été d'arriver à m'arrêter de fumer. Mais d'arriver à commencer. Chacun sa croix. J'ai fini par accepter mon infirmité. Inutile d'insister : je ne serai jamais fumeur. Personne n'est parfait, comme disait Billy Wilder. C'est dire si je n'ai rien contre les fumeurs. Je les trouve plus doués que moi. La seule chose que je leur demande, c'est de ne pas m'embêter.

Et là, c'est une autre histoire. Je tiens tout de même à rappeler aux oublieux, à ceux qui hurlent au fascisme antifumeurs, que pendant des dizaines d'années je me suis fait enfumer comme un lapin dans son terrier. Oui, monsieur. Il n'y a pas si longtemps, nous étions juste bons, nous les non-fumeurs, à nous faire enfumer en silence. Les fumeurs, forts de leur écrasante supériorité, se foutaient pas mal de savoir si ça nous plaisait de nous faire enfumer. C'est bien simple : ils ne nous voyaient même pas. Tout le monde fumait. Partout. Spécialement dans les bureaux. Pendant des années, mesdames et messieurs les jurés, moi qui vous parle, j'ai été le seul non-fumeur dans un bureau d'une vingtaine de fumeurs. Vous croyez qu'ils m'auraient demandé si ça me gênait ? Tu parles. Ils fumaient comme des sapeurs, en toute bonne conscience. Si ce n'est pas de l'intolérance, qu'est-ce que c'est ? Au bistrot, au restau, pareil. Les non-fumeurs n'existaient pas. Aucun droit, sinon celui de souffrir en silence. Alors j'ai souffert en silence (je vous autorise, ici, à verser une petite larme). Quand je passais une radio, à la médecine du travail, le médecin me demandait combien de cigarettes je fumais par jour. Zéro, je répondais. Je ne vous crois pas, il répliquait. Eh oui, voilà le travail : je suis encore plus enfumé qu'un fumeur. Que ceux qui prétendent que le tabagisme passif n'existe pas viennent me voir, ils trouveront à qui parler. Non mais.

Et puis un jour, miracle : la loi Évin ! Hosanna, alléluia et toute cette sorte de choses ! Une loi pour protéger les non-fumeurs ! J'allais enfin pouvoir respirer normalement, comme tout le monde. Sans me faire traiter de menteur par le médecin. Bon, au début, c'était assez spécial, l'application de la loi. Pendant les réunions, tous les fumeurs se mettaient du même côté et clopaient tranquillement, comme si la fumée allait s'arrêter miraculeusement, façon nuage de Tchernobyl, bloquée par une frontière invisible protégeant les non-fumeurs, parqués de l'autre côté. Si nous, les non-fumeurs, leur demandions gentiment de faire une trêve, d'attendre la récré, ils nous traitaient de fascistes. Le monde à l'envers. Dans les bistrots, les restaus, il y avait des « espaces non-fumeurs ». Le serveur vous demandait, à l'entrée : fumeurs ou non-fumeurs ? On disait non-fumeurs. Alors, il vous prenait par le bras et vous disait : c'est par ici. Par ici, c'était au fin fond de la salle, près des toilettes. Dans un espace riquiqui, sinistre, baigné d'odeurs suggestives. Rappelons, à toutes fins utiles, que ce que prévoit la loi, c'est exactement l'inverse : un espace spécial pour les fumeurs. Pour qu'ils n'embêtent pas les autres. Bon, je ne demande pas qu'on leur fasse ce qu'on nous a fait, qu'on les parque près des toilettes. Il doit tout de même y avoir moyen de s'arranger, non ?

Reconnaissons qu'aujourd'hui ça se passe mieux. Pour les non-fumeurs, je veux dire. Bien entendu, il y aura toujours un fumeur pour sortir sa cigarette, son briquet, avant de vous demander négligemment, pour la forme, juste au moment de l'allumer : ça ne vous dérange pas si je fume, hein ? Avant même votre réponse, il aura lâché sa première bouffée. Comme on est poli, on ne dit rien. On ne tient pas à passer pour un fasciste.

N'empêche qu'on a bien envie de dire : ça ne vous dérange pas si je ne fume pas ?

À part ça, je suis à fond pour le droit des fumeurs à fumer. Laissez-les fumer ! Laissez-les s'enfumer ! Laissez-les s'encrasser les poumons ! Je me battrai jusqu'à la dernière goutte de mon sang enfumé (c'est ce que vient de me dire mon médecin, en regardant mes analyses de sang) pour que les fumeurs aient le droit de fumer. Non au fascisme ! Tout ce que je leur demande, c'est la réciproque : le droit de ne pas me faire enfumer (mais je l'ai peut-être déjà dit…).

Allez, on fume le calumet de la paix ?

Charly Gaul, Robic, Bahamontes… toute ma jeunesse !

10 décembre 2005

Charly Gaul est mort ! Je ne savais même pas qu'il était encore vivant. Il y a des gens, comme ça, qui ont beaucoup compté. Puis qui ont complètement disparu. Mais alors complètement. Jusqu'à ce qu'on apprenne leur mort. Charly Gaul ! Personnellement, j'étais plutôt Bahamontes. L'Aigle de Tolède ! Il s'échappait dans les cols, lâchant tout le monde dans les lacets. Puis, une fois arrivé au sommet, posait le pied à terre et attendait les autres. Parce qu'il avait la frousse de descendre tout seul. C'est du moins ce qu'on se racontait dans la cour de récré. Ça ne l'a pas empêché de gagner le Tour de France. Une fois. Comme Charly Gaul. Un coureur luxembourgeois ! Ça nous paraissait bizarre, un coureur luxembourgeois. Un Français, un Italien, un Espagnol, un Belge, d'accord. Mais un Luxembourgeois ! On ne savait même pas où c'était, le Luxembourg. Ni même si ça existait vraiment.

J'avais 11 ans quand il est parti à l'assaut du massif de la Chartreuse, le 16 juillet 1958. En compagnie de Bahamontes. C'est l'année où il a gagné le Tour. Bahamontes, je ne sais plus en quelle année. Mais j'aurais bien aimé qu'il batte Charly Gaul en 1958. Pourquoi préfère-t-on un coureur à un autre ? Mystère. On est un peu bête, à cet âge-là. Il avait l'air trop renfermé, Charly Gaul. Trop silencieux. Solitaire. Pas sympa. Alors que Bahamontes, c'était le panache ! L'orgueil ! La bravoure ! Qu'est-ce que j'en savais, au fond ? On n'avait même pas la télé, chez moi. Pour voir l'arrivée de l'étape, il fallait aller chez Mme Médard, une voisine qui vivait seule. Elle nous faisait de la place dans sa cuisine. On serrait les chaises. Et on regardait, fascinés, hypnotisés. On pédalait comme des malades dans nos têtes, on suait, on soufflait, on souffrait. Et on gagnait, bien sûr. En sortant de chez Mme Médard, on n'avait qu'une envie : faire le Tour de France. Au début, on n'avait pas de vélos. Alors on poussait des roues sans pneu avec un bout de bois, tout autour du bourg. On appelait ça jouer à la roulette. Quand j'ai appris, bien plus tard, qu'on jouait à la roulette dans les casinos, ça m'a fait tout drôle. Nous, la roulette, c'était une vraie course, chacun poussant sa roue avec son bâton. Dans les descentes, la roue prenait de l'élan, elle nous échappait, on courait derrière, elle finissait sa course toute seule, dans la vitrine de l'épicerie-buvette. Ou sous les roues d'une voiture qui, par hasard, passait par là.

Puis j'ai appris à faire du vélo. J'ai emprunté celui de mon père, il fallait passer la jambe par-dessous le cadre, ce qui déportait complètement le vélo d'un côté, tu parles d'un sport. Je me suis ramassé un paquet de gamelles, mes genoux s'en souviennent encore. Et puis bon, comme tout le monde (même Bush), j'y suis arrivé. J'étais fier, mon vieux, le Bahamontes du bourg ! Un jour, je me suis dit que je pouvais lâcher les mains du guidon, comme les grands. J'ai choisi une route bien droite en pleine campagne, personne en vue. Et hop, après trois coups de pédale, bien lancé, j'ai lâché les mains. Ah, quelle ivresse ! Pas pour longtemps, hélas. Dix secondes plus tard, je perdais l'équilibre et je fonçais tête la première dans un buisson d'orties. Je ne sais pas si vous êtes au courant, mais ça pique, les orties. Sacrément. J'étais piqué de partout, les jambes, les bras, la figure. Le Bahamontes du bourg est rentré piteusement chez lui, rasant les murs comme un voleur.

J'ai passé la soirée à me badigeonner au vinaigre. Pour le Tourmalet, je n'étais pas encore tout à fait au point.

Sinon, dans mon coin, en Bretagne, il y avait Robic. Ah, ce n'était pas Charly Gaul, Robic. Ni Bahamontes. C'était le régional du Tour. À l'époque, il y avait une équipe de l'Ouest, qui courait sous son propre maillot. La vedette de cette équipe, au début des années 1950, c'était Robic. À la surprise générale (et à la sienne en particulier), il avait gagné le Tour. En 1947, si je me souviens bien. Il s'était échappé à la toute dernière étape. Comme il était loin au classement général, les autres l'avaient laissé partir. Total: il avait gagné l'étape et le Tour. C'était un petit teigneux, Robic. Hargneux. Tête de mule. Il ne faisait pas rêver, certes non. Il n'avait rien d'une légende. Mais tout le monde l'aimait bien, avec son casque à lanières de cuir, sa chambre à air croisée en travers du dos. Et son air buté. C'était Robic, quoi. L'autre Breton, bien sûr, c'était Bobet. Né à Saint-Méen-le-Grand, pas très loin de chez moi. Louison Bobet. Et son frère Jean. L'artiste, le champion, c'était Louison. Je l'ai vu, de mes yeux vu! Le Tour de France passait à quelques kilomètres, on y est allés en famille. Après la caravane, qui nous distribuait des chapeaux en papier et des casquettes en carton avec un élastique, le peloton est arrivé. Et Bobet s'est arrêté, là, sous mes yeux, pour cause de crevaison. Ou bien parce qu'il était malade? J'ai oublié. Je l'admirais, Bobet, le grand Bobet. Mais j'aimais mieux le petit Robic.

Et Charly Gaul? J'étais tout de même parti pour vous parler de lui. J'ai lu dans les journaux qu'on l'appelait l'Ange de la montagne. C'est curieux, je ne m'en souviens absolument pas. Alors que l'Aigle de Tolède, si. Charly Gaul-Bahamontes, ça avait tout de même de la gueule. Autre chose que la machine Armstrong. Au fait, j'ai appris par mon médecin que j'étais drogué naturellement à l'EPO. Vous imaginez ça? Mon sang fabrique de l'EPO!

J'aurais pu être coureur cycliste, si ça se trouve. Sauf que je me serais fait prendre aux contrôles antidopage. J'ai vu à la télé des images de Charly Gaul à la fin de sa vie. Un gros monsieur barbu. J'ai lu qu'après avoir décroché du cyclisme il avait vécu en ermite, en sauvage, dans une cabane au fond des bois. Un solitaire, c'est bien ce que je me disais. Ce vieux monsieur avait été une légende. Et moi j'avais 11 ans.

C'était quand, déjà ?

Alors, là, je dis : « Chapeau ! »

14 janvier 2006

Il nous avait déjà bien fait rire avec ses carottes râpées et sa motocyclette de location. Voilà maintenant qu'il nous fait le coup du chapeau. Vous l'avez vu, Fabius, dans le cimetière de Jarnac, avec son feutre acheté le matin même, en réincarnation de feu Mitterrand ? D'accord, il n'était pas le seul à porter le chapeau pour l'occasion. Celui de Védrine, entre autres, valait le déplacement. Un chapeau à la Fellini, celui que portait Mastroianni dans *Huit et demi*, une espèce de Stetson noir façon paquebot. Il devrait faire du cinéma, Védrine. Du vrai, je veux dire. Le chapeau de Fabius, lui, c'était plutôt Bogart. Ou Belmondo dans *À bout de souffle*. Mais c'était surtout un message pas subliminal du tout : tout comme l'habit fait le moine, le chapeau fait le Mitterrand. Regardez-moi, là, devant la tombe du Grand Homme, avec mon beau chapeau : est-ce que je ne ressemble pas à l'ancien président ? Est-ce que je ne suis pas son double ? Son sosie ? Son clone ? Son autre lui-même ? Pour que le message soit encore plus clair, il ne lâche pas Mazarine d'une semelle, il se colle à elle, épaule contre épaule : allez-y, les photographes, c'est de l'image pour la postérité !

Et pas seulement de l'image : du son, aussi. Écoutez-le, sous son chapeau : « Mitterrand me l'a dit souvent : “Vous savez, je suis combattu, parfois même détesté. Mais, dans quelques années, ils m'aimeront tous." » Et moi-même, comme Mitterrand, sous mon grand chapeau mitterrandien, je suis combattu, parfois même détesté, mais dans quelques mois, en 2007, ils m'aimeront tous. Ainsi soit-il.

Est-ce que je me prends pour Mitterrand, moi ? Et pourtant, j'ai un chapeau. Plusieurs, même. Et je n'ai pas attendu l'anniversaire de la mort de Mitterrand pour les acheter. Tout petit, déjà… Tout petit, je portais un béret, comme mon père. C'était la mode, dans les campagnes. Enfin, la mode, c'est vite dit. C'était comme ça, voilà. On portait le béret, point final. Mon père le mettait pour aller sur les chantiers. Et moi, pour aller à l'école. Ça donne un genre, le béret. Un genre un peu spécial. Un peu Bourvil, si on ne fait pas gaffe. Alors j'essayais de lui donner du style, à mon béret. Je l'inclinais sur le côté, façon chasseur alpin. Je trouvais que ça faisait plus classe. J'aurais bien voulu le voir avec un béret, tiens, Mitterrand. Toujours est-il que, quittant la campagne, j'ai abandonné le béret. Et j'ai attendu des années et des années avant de me remettre au chapeau.

Le premier que j'ai acheté était un feutre, un peu le genre de celui de Fabius. Sauf que ce n'était pas un feutre Mitterrand, c'était un feutre Indiana Jones. C'était marqué à l'intérieur : Indiana Jones. Je me suis regardé dans une glace, pour voir si je ressemblais à Indiana Jones. Euh… le chapeau, oui. Mais moi… comment dire ? Déjà, Indiana Jones avec des lunettes, cherchez l'erreur. Enfin, bon, j'ai trouvé que j'avais de l'allure. Plus qu'avec mon béret, en tout cas. Et je suis allé me pavaner dans le métro avec mon chapeau Indiana Jones. Au bout d'un certain temps, j'ai réalisé qu'il était trop petit. J'avais beau me le visser sur la tête, au premier coup de vent, zou, il s'envolait. J'avais l'air malin à courir après mon chapeau sous le regard des passants, qui se marraient en douce. Tu parles d'un Indiana Jones ! Et puis, sous la pluie, il était nul, mon chapeau. Je me souviens d'une manif, il avait plu des cordes, du début jusqu'à la fin. Et moi, je dégoulinais sous mon chapeau, pas imperméable du tout, les bords pendouillaient sur mes oreilles, j'avais l'air d'un cocker mouillé. Un peu comme Fabius à Jarnac, voyez. Sans compter que c'est le genre de chapeau qui rétrécit au lavage. Déjà qu'il était trop petit…

Bref, j'en ai acheté un autre. À ma taille, cette fois. Et pas un feutre d'aventurier de Prisunic. Un borsalino, un vrai de vrai. Même que c'est marqué dessus. Il est costaud. Élégant. Et il me tient chaud. Parce que vous avez des gens qui veulent garder la tête froide. Alors que moi, ce que je veux, c'est l'avoir au chaud, ma tête. Bien au chaud. Rapport à mon alopécie galopante. Quand on perd ses cheveux, un rhume de cerveau est vite arrivé. Avec mon borsalino, je suis peinard. Pluie, vent, neige ou glace : j'affronte les éléments le sourire aux lèvres. Gercées, les lèvres. Et crispé, le sourire. Mais quand même. Et ce n'est pas parce que j'ai un borsalino que je me prends pour Alain Delon. Quoique…

Et l'été ? L'été, un borsalino ne sert à rien. Pis : il est ridicule. Si vous tenez vraiment à le savoir (et je sens que vous brûlez de le savoir), pour l'été, j'ai un panama. Un vrai de vrai panama, fabriqué en Équateur, comme il se doit. Un élégant chapeau de paille, tressé fin, qui me va aussi bien que le borsalino. C'est dire. Épatant contre les coups de soleil. Là aussi, l'alopécie. Voir la vie sous un panama, c'est fou comme ça change tout. La vie devient exotique, rapport à l'Équateur. Et en même temps on se sent philosophe, vieux sage. Au fait, il ne portait pas un panama, Mitterrand, en Amérique du Sud ?

Plus tard, je me demande si je ne reviendrai pas au béret. Ça va bien avec l'âge, le béret. Sauf qu'au lieu de l'incliner sur le côté je le tirerai vers l'avant, comme ça. Le problème, c'est que le béret campagnard demande la gitane maïs. Automatiquement. Je ne vais tout de même pas me mettre à fumer sur le tard, alors que jusqu'ici je n'ai jamais réussi à commencer. Et la casquette ? Pourquoi pas la casquette ? Ah non, ça ne me va pas du tout, la casquette J'ai l'air idiot, avec une casquette. Limite dangereux. Voire psychopathe. Alors que mon collègue de bureau, lui, la casquette, ça lui va très bien.

Vous allez voir qu'il va se prendre pour Helmut Schmidt…

Cette semaine, j'avoue mon fantasme

4 février 2006

La Prévention routière vient de lancer une nouvelle campagne d'affichage. Au lieu de faire la leçon aux mauvais conducteurs, elle a décidé de mettre en avant les bons. Soit quatre portraits d'automobilistes, illustrant, je cite, « cette nouvelle attitude au volant, plus responsable ». Et la Prévention routière de préciser : « Si tous les conducteurs adoptaient ces habitudes de conduite, des milliers de vies pourraient être épargnées chaque année. » Je suis mille fois d'accord. Et non seulement je suis d'accord, mais je m'étonne qu'il ait fallu attendre jusqu'à aujourd'hui pour aboutir à une telle conclusion. Prenons un exemple au hasard : moi. Je me plais à me considérer comme un de ces conducteurs « responsables » vantés par la Prévention routière (ce point de vue n'est pas forcément partagé par ceux que je transporte, mais ici c'est moi qui cause et j'en profite). Je respecte scrupuleusement les limitations de vitesse. Plus scrupuleusement, c'est impossible. 90, c'est 90. 110, c'est 110. 130, c'est 130. Je précise tout de suite que je n'ai pas attendu la prolifération des radars pour lever le pied. J'ai toujours respecté les pancartes sur la route, quelles qu'elles soient, quoi qu'elles disent. Je n'ai aucun mérite : ça doit être dans mes gènes.

Je ne nie pas que ça puisse être exaspérant. Je me souviens de l'inquiétude d'un passager, voilà quelques années (avant les radars), alors que je roulais à une vitesse jugée par lui trop pépère : « Mais qu'est-ce qui se passe ? Pourquoi tu ne vas pas plus vite ? – Rien, il ne se passe rien. C'est juste que c'est limité à 90. » Je n'oublierai jamais sa sincère stupéfaction : « Quoi ? Tu veux dire que tu respectes les limitations de vitesse ? » Ben oui. Voilà le genre de type que je suis. Le genre de type qui, avant les radars, n'arrêtait pas de se faire doubler sur l'autoroute par des fous furieux qui lui faisaient des appels de phares. Les mêmes qui, aujourd'hui, lèvent le pied, par peur des radars. Minables ! Tout ça pour vous dire que l'idée de la Prévention routière de mettre en avant les conducteurs « responsables », je suis pour. Et d'ailleurs, s'ils cherchent quelqu'un à mettre sur leurs affiches...

Bon, je rigole. Mais pas tant que ça, si vous voulez la vérité. Vous savez ce que je me dis, depuis des années, sur l'autoroute ? Je me dis ceci. Régulièrement, sur l'autoroute, on voit apparaître dans le rétroviseur une voiture de la gendarmerie, gyrophare allumé. Ou deux motards, qui foncent à toute berzingue. Et on se dit : pourvu que ce ne soit pas pour moi ! Bon, moi, vu que je suis collé à 130, normalement, ça ne risque pas de m'arriver. Mais on ne sait jamais : un moment d'inattention, une petite absence, un 132-133 par inadvertance, et hop, garez-vous, vos papiers, s'il vous plaît.

Moi, ce que j'aimerais, c'est qu'un jour deux motards me dépassent, me fassent signe d'arrêter et, au lieu de me verbaliser, me tiennent ce discours : « Cher monsieur, cela fait des années que nous vous surveillons, en ville, sur route, sur autoroute, et jamais, pendant toutes ces années, nous n'avons pu vous prendre en flagrant délit de non-respect des limitations de vitesse. C'est pourquoi, cher monsieur, au nom de la République française, nous sommes heureux de vous décerner le diplôme de conducteur responsable. » Oui, mesdames et messieurs, voilà quel est mon fantasme. Et attendez : les gendarmes, au garde-à-vous, me diraient : « Ne bougez pas, on a une surprise pour vous. » Un hélicoptère, venu de nulle part, se poserait près de nous. De l'hélicoptère sortirait le préfet, en grand uniforme. Suivi par qui ? Par Nicolas Sarkozy en personne, qui me remettrait le diplôme en main propre, sous les crépitements des flashes et les caméras des JT. Parce qu'il n'y a pas de raison que Sarkozy convoque les caméras juste pour nettoyer les cités ou engueuler, dans les commissariats, les flics coupables de police de proximité. Il pourrait aussi les faire venir pour féliciter les conducteurs responsables, non ? Pour les donner en exemple à la nation !

Mais ça n'arrive jamais. Chaque fois que je vois un gyrophare ou des motards dans mon rétroviseur, j'ai le cœur qui bat. Va-t-on enfin me récompenser ? Je me prépare à jouer les modestes, genre je n'ai fait que mon devoir de citoyen, fallait pas... Mais je t'en fiche ! La gendarmerie me double sans me voir, la gendarmerie m'ignore, la gendarmerie me snobe. C'est un coup à vous donner envie d'avoir une attitude irresponsable. D'appuyer sur le champignon à fond la caisse, appels de phares et tout le tremblement, dégage, cloporte ! Juste pour attirer l'attention de la gendarmerie. Pour qu'elle daigne enfin s'intéresser à moi.

Pour être tout à fait franc, je me suis déjà fait arrêter. Une fois. J'étais en train de quitter l'autoroute et là, sur la bretelle de sortie, un gendarme m'a fait signe. J'ai obtempéré, le cœur battant, attendant le bruit de l'hélicoptère. Et Sarkozy. Au lieu de quoi le gendarme m'a demandé si j'avais mon attestation d'assurance. J'ai dit oui, bien sûr. Un type comme moi, vous pensez bien ! Il m'a alors montré mon pare-brise : « Et elle est où, votre attestation ? » J'ai dit que je venais juste de la recevoir, le jour même. Que je n'avais pas eu le temps de la coller. Et je l'ai sortie de mon portefeuille, comme quoi je l'avais bel et bien. « Veux pas le savoir », il m'a répondu. Et il m'a collé une contredanse. Massue. Pour défaut de présentation d'attestation d'assurance. J'ai eu envie de l'étrangler sur-le-champ. Je me suis retenu, in extremis. Je n'allais tout de même pas gâcher bêtement une si belle carrière de conducteur responsable.

Maintenant, si Sarkozy veut faire un geste, qu'il ne se gêne surtout pas. Je suis facile à repérer : je suis le gars qui roule à 50 en agglomération.

Un drame métropolitain…

11 février 2006

Je sais, vous n'allez pas me croire. Et pourtant je vous jure, sur le chapeau de Fabius et tous les cintres du Vatican, que c'est la pure vérité vraie. L'autre jour, en retard pour un rendez-vous, je fonce comme un malade dans le métro. À peine arrivé sur le quai, j'entends sonner mon portable. Vite, tout en courant, je le sors de ma poche. Et le porte à mon oreille. À ce moment précis, un courant d'air venu du diable Vauvert, combiné avec le souffle du métro entrant dans la station, sur le quai d'en face, soulève mon chapeau. Horreur et damnation ! Ma main droite est occupée par mon cartable, ma main gauche par mon portable. Impossible de retenir mon chapeau. En une fraction de seconde, le voilà qui s'envole, sous mes yeux incrédules, et qui tombe dans la fosse, entre les deux voies. Oui, mesdames et messieurs, mon borsalino ! Je me penche au bord du quai et je le vois qui gît tristement, un mètre plus bas. Vais-je descendre pour le récupérer ? Ce n'est pas l'envie qui me manque. Je ne vais tout de même pas le laisser pourrir là, abandonné de tous, livré aux rats, à la poussière et aux roues des métros, un borsalino qui me va si bien, qui me donne un air si distingué. D'un autre côté, si jamais je descends, je risque de me prendre 100 000 volts, au bas mot, dans les gencives. Sans parler de l'arrivée intempestive d'un métro malveillant, qui me faucherait net tel du maïs OGM. Cornélien dilemme !

Finalement, maîtrisant ma tachycardie galopante (je voudrais vous y voir!), je prends la seule décision raisonnable: je vais frapper au guichet de la station. J'explique à la dame que je ne veux ni ticket ni carte Orange deux zones, mais juste récupérer mon chapeau. Un borsalino, prends-je la peine de préciser, comme si je parlais du collier de Marie-Antoinette. La dame me regarde avec des yeux ronds. Puis, comprenant qu'elle a affaire à un fou dangereux, capable de tout pour récupérer son borsalino, y compris de faire sauter l'ensemble du réseau métropolitain, elle me dit, le plus calmement possible: « Surtout, ne descendez pas sur la voie, vous seriez immédiatement électrocuté! Bon, venez avec moi, je vais voir ce que je peux faire. »

La seconde d'après, elle sort de derrière son guichet avec une longue perche munie d'une pince télescopique. Et nous voilà tous les deux au bord du quai, regardant, entre deux métros, mon pauvre borsalino, prématurément ravi à l'affection des siens. La dame sort son talkie-walkie, prévient ses collègues qu'elle va tenter une manœuvre périlleuse et que ce n'est vraiment pas le moment d'envoyer un métro. Puis elle se penche au bord du quai, tend sa perche vers mon chapeau, actionne la pince et, miracle des miracles, parvient à le saisir et à le ramener (vivant, ai-je failli écrire) sur le quai. Les larmes aux yeux, je me retiens pour ne pas l'embrasser, tandis qu'autour de nous les usagers, ahuris, cherchent du regard où sont cachées les caméras. Je sors de la station en sifflotant, heureux comme Jason après récupération de la Toison d'or. Quelle journée!

Parlons maintenant d'une affaire presque aussi sérieuse: les automobilistes qui, tel votre serviteur, respectent scrupuleusement les limitations de vitesse. Et attendent, en retour (et en vain), la reconnaissance de la nation. Un lecteur, qui croyait sincèrement être le seul dans ce cas, me raconte sa mésaventure.

Empruntant régulièrement un tronçon de la Francilienne limité à 70 km/h, il y est, m'écrit-il, « doublé par les camions (au moins à 90) et les voitures – entre 90 et 110. Sans compter les motards, au-delà de 120. Mais ce jour-là, au mois d'août, j'étais seul. Ou presque : une voiture blanche, garée sur l'herbe, m'envoie deux flashs dans la figure. Et trois semaines plus tard un courrier au logo bleu-blanc-rouge m'annonce que j'ai été surpris par Pichon Yves, gendarme, à 77 km/h, ce qui me valait 45 euros d'amende et le retrait d'un point de permis ». Et mon correspondant conclut, héroïque : « Depuis, je continue à respecter les limitations de vitesse. » Eh oui, cher lecteur, la vertu, en ce bas monde, est bien mal récompensée – j'en sais quelque chose.

Enfin, pas pour tout le monde. Parce que figurez-vous que j'ai reçu, le même jour, une autre lettre, qui, elle, m'a littéralement cloué de stupéfaction, d'incrédulité et, avouons-le, de jalousie. Je racontais, la semaine dernière, que je rêvais de me faire arrêter par les gendarmes sur l'autoroute. Non pas pour me faire verbaliser. Mais, tout au contraire, pour recevoir de justes et méritées félicitations, en raison de mon comportement exemplaire, de la bouche même de Sarkozy venu tout exprès en hélicoptère, sous les flashs et les caméras. Un rêve, bien entendu. Un pur fantasme.

Eh bien, lisez plutôt ceci : « En lisant votre chronique, m'écrit une lectrice, il m'est revenu en mémoire une petite aventure bien sympa, qui vous encouragera peut-être à garder quelque espoir. En 1979, partant en famille vers la Bretagne, après Lisieux nous avons été arrêtés par la gendarmerie. Très courtoisement, après contrôle des papiers, on nous annonça que l'hélico chargé de la surveillance du trafic sur la N13 avait remarqué notre véhicule et notre conduite respectueuse du code de la route. Félicitations, photos pour le journal local, quelques friandises pour nos enfants, et nous repartions, le cœur léger, vers le lieu de nos vacances. »

L'hélico ! Les photos dans le journal ! Pourquoi ça n'arrive qu'aux autres, et jamais à moi ? En 1979, en route vers la Bretagne, moi aussi je respectais le code de la route ! Même que j'avais une BX rouge.

Elle ne se voyait peut-être pas, ma BX rouge, du haut de l'hélicoptère ?

La vérité sur Pichon Yves, enfin !

18 février 2006

Eh bien, ça alors, si je m'attendais ! Très innocemment, sans le faire exprès, en donnant la parole à un lecteur, la semaine dernière, j'ai soulevé une bien étrange affaire. Bon, ce n'est pas non plus l'affaire du siècle, on est bien d'accord. Je ne vise pas le prix Albert-Londres ni rien de ce genre, d'autant plus que je n'y suis rigoureusement pour rien. Mais, enfin, c'est tout de même une bien étrange affaire. Je vous sens déjà impatients, limite fébriles : allez, accouche ! Du calme, du calme ! Commençons par un retour en arrière. La semaine dernière, donc, je citais la lettre d'un lecteur, mortifié de s'être fait flasher en voiture sur la Francilienne, près de Paris. « Trois semaines plus tard, m'écrivait-il, un courrier au logo bleu-blanc-rouge m'annonce que j'ai été surpris par Pichon Yves, gendarme, à 77 km/h, ce qui me valait 45 euros d'amende et le retrait d'un point de permis. »

Or, à peine *Marianne* paru, voilà que m'arrive une avalanche de mails. Qui, tous, me racontent la même histoire. Francine : « Il se trouve que j'ai moi-même été flashée à 58 km/h (contre les 50 réglementaires) par le même gendarme Pichon Yves à Pradines, en Lot-et-Garonne. Je ne sais pas quoi penser de cette multiplication de gendarmes Pichon Yves... » Gérard : « Tout dernièrement, un certain Pichon Yves, maréchal des logis de gendarmerie, m'a gratifié d'une amende de 45 euros pour un excès de

3 km/h. C'était à Chambéry. Il est partout, ce justicier ?! » Brigitte : « J'ai eu, moi aussi, la joie [?] d'être portraiturée par cet as méconnu de l'instantané, le maréchal des logis-chef Pichon Yves. Même motif, même punition ! Sauf que c'était à l'entrée de Besançon, dans le Doubs. Et maintenant, je m'interroge sur la faculté d'ubiquité de cet homme… » Jean : « Je viens de recevoir le même courrier au logo bleu-blanc-rouge qui m'annonçait une amende de 90 euros et le retrait d'un point de permis. Mon infraction a également été constatée par un certain Pichon Yves, maréchal des logis-chef. Une question me taraude : combien y a-t-il de Pichon Yves dans la gendarmerie ? Ou alors n'y en a-t-il qu'un, qui écume la France entière à bord de sa voiture banalisée pour flasher spécifiquement les lecteurs de *Marianne* ? Parce que moi, j'habite Faulquemont, une petite ville de l'est de la France… » Etc.

Posons tout net la question : Pichon Yves est-il partout ? Et partout en même temps ? Qui donc est Pichon Yves ? Il existe aux États-Unis un écrivain fantôme, que personne n'a jamais vu, sur lequel circulent les rumeurs les plus invraisemblables. Cet homme invisible s'appelle Thomas Pynchon. Pichon est-il notre Pynchon ?

L'affaire a suffisamment ému mon camarade Simon Marty, qui s'occupe du site Internet de *Marianne* et reçoit tous les mails adressés au journal, pour qu'il décide, à tout hasard, d'aller faire un petit tour sur Google. Il a tapé Pichon Yves. Et là, bingo ! Pichon Yves, qu'on se le dise, est devenu une star du Net, un véritable mythe. Il a verbalisé, successivement voire en même temps, une palanquée d'internautes dans le 93, en Alsace, à Vénissieux, près de Genève, dans les Bouches-du-Rhône, à Gap, à Belfort, entre Dreux et Le Mans, à Nevers, à Magny-Cours… Et j'en passe. Certains, du coup, échafaudent des hypothèses : « Pichon

Yves n'existe pas, écrit l'un. C'est le nom d'un radar automatique. » « Pichon Yves n'est qu'un pseudo de l'administration, prétend un autre. D'ailleurs, une fois il est simple gendarme, une autre il est maréchal des logis. » Terminons (provisoirement) sur cette conclusion : « Se prendre un pichon va devenir célèbre au point de figurer dans le dico. »

Vous pensez bien qu'un grand journal d'investigation comme *Marianne* ne pouvait s'en tenir aux hypothèses, aux fantasmes, aux rumeurs. Oui ou non, Pichon Yves existe-t-il ? J'ai mis mes services sur le coup. En l'occurrence (outre Simon Marty) mon voisin de bureau Frédéric Ploquin, qui se trouve être chargé des affaires de police. Coup de chance : il avait précisément rendez-vous avec des huiles de la gendarmerie, pour faire le point sur les affaires en cours. Après avoir parlé de ceci et de cela, de Sarkozy Nicolas et de Nicolas Sarkozy, il leur a posé, à brûle-pourpoint, la question à 100 000 dollars : « Au fait, Pichon Yves existe-t-il ? » Le colonel assis en face de lui a à peine cillé : « Pichon Yves ? Mais oui, bien sûr, il existe ! Ce n'est pas Fantômas ! Il travaille au Cacir, à Rennes. » Le Cacir ? Quèsaco ? Le Cacir, c'est le Centre automatisé de constatation des infractions routières. Et que fait le Cacir ? Il lit et identifie toutes les photos de plaques d'immatriculation prises par les radars automatiques dans la France entière. Et c'est Pichon Yves qui, au final, décide (ou pas) de sanctionner. Et signe les procès-verbaux. « Et alors, a demandé Frédéric Ploquin, il est simple gendarme ou maréchal des logis ? » Le colonel a légèrement souri : « Les deux ! Il a d'abord été simple gendarme. Puis, à l'avancement, il a été promu maréchal des logis-chef. » Un haut gradé est alors intervenu dans la discussion : « Vous savez, j'ai moi-même été verbalisé par Pichon Yves ! 90 euros ! Et j'ai payé ! »

Tels sont, mesdames et messieurs, chers lecteurs et -trices, les résultats de notre enquête. Telle est, enfin révélée, la vérité sur

Pichon Yves. Qui, au lieu de sillonner la France à toute berzingue pour verbaliser les automobilistes roulant trop vite, passe sa vie enfermé dans des bureaux, à Rennes. À visionner des diapos avec une loupe. Avant, impitoyable, d'envoyer tous azimuts des enveloppes bleu-blanc-rouge. Quand vous en recevrez une, ayez une pensée émue pour lui, qui s'use les yeux sur nos plaques d'immatriculation.

Ce qui serait drôle, c'est qu'un jour Pichon Yves envoie une contredanse gratinée à Yves Pichon. Et que, ouvrant chez lui l'enveloppe, il s'exclame : « Mais, enfin, c'est qui, ce Pichon ? »

Mes révélations sur l'affaire Clearstream

13 mai 2006

J'ai des révélations à faire. Je ne peux pas me taire plus longtemps. Je sais trop de choses. Attention : vu son caractère hautement explosif, cette chronique s'autodétruira dans les quinze secondes après sa lecture. Ne laissez pas traîner vos doigts. Ça brûle. Je vous aurai prévenus. Par où commencer ? Ah oui, le corbeau. Ne cherchez plus : je sais qui c'est. Je l'ai encore vu passer sous mon balcon, ce matin. Il a beau se donner un air dégagé, genre le corbeau qui passe là par hasard, faites comme si je n'étais pas là, il y a longtemps que je l'ai percé à jour. On ne me la fait pas. Je n'en dirai pas plus pour l'instant. Qu'il me suffise de préciser que je saurais parfaitement le reconnaître, lors d'une séance d'identification au commissariat, au milieu de dix corbeaux. Je n'hésiterai pas une seconde : c'est lui ! Vous voulez un indice ? Il a une aile plus courte que l'autre. Surtout la droite. Mais pas un mot de plus ! Motus et bouche cousue ! Il y a trop de risques. Vous n'imaginez pas les intérêts qui sont en jeu. Énormes !

Tenez, vous le saviez, vous, que Villepin avait un faible pour le baba au rhum ? Moi, si. Le rhum ! Fidel Castro est dans le coup. Évidemment. C'est du rhum de contrebande. Qui passe par une société immatriculée au Lichtenstein. J'ai les numéros secrets sur moi, dans un petit carnet qui ne me quitte jamais. C'est mon assurance-vie. Sarkozy, lui, c'est le chocolat suisse. La mafia est dans le coup, évidemment. La mafia du Valais. Mille fois plus redoutable que la mafia sicilienne. Bizarrement, personne n'en parle jamais. Bizarrement, mon œil! La loi du silence! Si vous saviez les cargaisons de chocolat suisse échangées clandestinement contre des kilomètres d'andouille de Vire! L'andouille, c'est le péché mignon de Fabius. Mouillé jusqu'au cou, Fabius. Tout ça transite par Valparaiso. Vous allez me dire que c'est curieux de faire passer du chocolat suisse et de l'andouille de Vire par Valparaiso. Justement! Et qui touche les commissions? Chirac, évidemment. J'ai les preuves. Sur mon petit carnet. La bière Corona, vous croyez qu'elle tombe du ciel? Eh bien oui, justement. En parachute. La nuit. Directement sur l'Élysée. Des avions affrétés au Japon. Sous couvert de la CIA. Les prétendus vols secrets de prisonniers, Guantanamo et compagnie. Vaste fumisterie! La Corona, en réalité. Alliot-Marie est au courant. C'est la seule. À part moi, bien sûr.

Comment je le sais? J'ai mes informateurs, qu'est-ce que vous croyez. Pas question que je dévoile leur identité. Sachez seulement que l'un porte un nom lié au fromage, à la tulipe et aux Pays-Bas. Et l'autre un nom en rapport avec les menhirs, les crêpes et les binious. Mais j'en ai peut-être déjà trop dit. Si vous avez trouvé, surtout ne le répétez pas! On ne doit jamais griller ses informateurs, c'est le b.a.-ba du métier. Trop de vies sont en jeu. Quand je pense qu'ils sont tous en train d'essayer de comprendre ce que le général Rondot sait ou ne sait pas! Mais Rondot, c'est bien autre chose! Un trafic de cartes Orange deux zones, contre des vignettes Panini des Verts de Saint-Étienne. Ceux de la grande époque. Voilà la pure et simple vérité. Évidemment, les services secrets monégasques sont dans le coup. Ne le répétez pas au prince Albert, il n'est pas au courant. Trop occupé à écouler les surplus de beurre luxembourgeois vers le Mexique, via une société offshore basée au large de l'île de la Cité. On a essayé de m'en refourguer, un jour, dans une misérable gargote ardéchoise. Même pas bon. Trop salé.

Bien sûr, vous allez me demander qui tire les ficelles. Ça crève pourtant les yeux. À votre avis, il passe son temps à quoi, Alain Juppé, au Québec ? Je sais ce que vous allez me répondre : il donne des cours. À d'autres ! Vous avez déjà assisté à ses cours, vous ? Vous voyez bien. En réalité, Juppé est dans Clearstream jusqu'au cou. Jusqu'au cou ! C'est lui qui agrafe les listings. C'est du boulot, faut pas croire. Le paquet d'agrafes que ça demande, vous n'avez pas idée. Des tonnes ! Échangées contre des chasse-neige au Burkina Faso, bien entendu. Douste-Blazy ferme les yeux. En échange de flacons de gel pour les cheveux. À la graisse d'hippopotame. Espèce menacée, vous l'avez sans doute lu dans les journaux. Maintenant, vous savez pourquoi. Ça transite par la Belgique. Ils en prélèvent une petite part. Pour les frites. Qui touche ? La famille royale, comme de juste. Fifty-fifty avec le Vatican. Il faut bien vivre.

Et, à ce propos, moi aussi, j'ai des besoins, qu'est-ce que vous croyez ? Je travaille pour les services secrets esquimaux. Ce qui les intéresse, c'est de savoir où est passé le cachet des manchots de *La Marche de l'empereur*. Ils aimeraient en récupérer une part. C'est une mission ultrasensible. Ultrasecrète. Si on vous en parle, ne dites surtout pas que vous êtes au courant. Les Esquimaux me payent en glaçons. J'en ai rempli plusieurs congélateurs. J'envisage de monter une petite société pour les écouler. Avec le général Rondot. Qui cherche à revendre ses vignettes Panini. On pense à la domicilier dans le Poitou. Pour mouiller Ségolène.

Voilà, je vous ai tout dit. Ou presque. Vous pensez bien que je ne me fie pas à mon seul petit carnet. Un malheur est vite arrivé. Tout cela est bien au chaud, quelque part au fin fond de mon ordinateur. Tenez, je vais vous montrer. Hop, j'appuie sur la touche. Zut, j'ai tout effacé. Mince alors. J'avais tous les numéros de compte. Tous les noms. Toutes les preuves. C'est trop bête.

Tant pis, je tente le coup. Allô, monsieur Van Ruymbeke ? J'ai des révélations à vous faire…

Ils sont fous, ces Roumains

3 juin 2006

Au milieu de « Soir 3 », le journal de la nuit sur France 3, il y a une séquence interview. Pour bien montrer que ce n'est pas une interview ordinaire, genre je reçois un homme politique sur mon plateau et je lui pose trois questions, cette séquence porte un nom. Elle s'appelle « Sans détour ». Ce qui permet à Marie Drucker, qui présente le journal, de dire : « Et maintenant, sans détour, je reçois Robert Tartempion. » À qui elle pose trois questions. Comme les autres. Mais, comme ce n'est pas une interview ordinaire, elle quitte son fauteuil derrière sa table, fait trois pas dans le studio et vient se planter devant Robert Tartempion, qui attend patiemment son tour assis sur un tabouret de bar. Mardi soir, sans détour, donc, Marie Drucker recevait le président roumain, Traian Basescu, venu à Paris pour, comme disent les journaux, plaider sa cause. Pour des raisons qui ne regardent que lui (quoique, par ricochet, nous aussi, qui le regardions), Traian Basescu n'était pas physiquement présent sur le plateau. Mais ailleurs, je n'ai pas très combien compris où, devant une glace et une cheminée. Et c'est donc de cet ailleurs qu'il nous parlait, en direct et sans détour.

Du coup, Marie Drucker aurait pu rester assise derrière sa table. Ah mais non, pas question ! Comme d'habitude, elle s'est levée de son fauteuil, a fait trois pas dans le studio et s'est plantée devant une caméra. Comme si elle était face à Traian Basescu. Qui, lui, était face à une autre caméra. Marie Drucker a alors posé sa première question, sans détour. Je la résume : alors comme ça, vous êtes venu plaider votre cause à Paris ? Puis elle a attendu la réponse. Et nous aussi, tant qu'on y était. Elle a mis du temps à venir, la réponse. Le temps qu'une traductrice la traduise dans l'oreillette du président roumain. Pas vraiment dans le genre simultanée, la traduction. Mais plutôt différée. En tout cas, sacrément longue. Marie Drucker a patienté. Nous aussi, tant qu'on y était. Finalement, le président roumain a commencé à répondre. Et la traductrice à traduire, toujours en différé. L'un dans l'autre, la réponse a mis un temps certain à parvenir aux oreilles de Marie Drucker. Et aux nôtres. Profitant d'une pause dans la traduction de la réponse et croyant qu'il avait fini de répondre, Marie Drucker a posé (sans détour) sa deuxième question.

Mais, pendant ce temps-là, Traian Basescu, qui n'avait pas du tout fini de répondre à la première question, a continué à répondre. Et la traductrice à traduire, toujours en différé. Alors que Marie Drucker, elle, attendait que la traductrice traduise sa deuxième question. Quand la traductrice a eu fini de traduire la deuxième réponse à la première question, on a eu l'impression que Marie Drucker était en plein décalage horaire. Visiblement, elle se demandait à quoi au juste le président roumain venait de répondre. À tout hasard, elle a reposé sa deuxième question. Que la traductrice, toujours en différé, a traduite dans l'oreillette de Traian Basescu. J'espère que vous m'excuserez, mais j'ai complètement oublié de quoi parlait la deuxième question. Déjà que je n'avais rien compris à la deuxième réponse à la première question, vu que Marie Drucker posait sa deuxième question pendant qu'on entendait la traduction de la deuxième réponse à la première question. Bref. Finalement, Traian Basescu a commencé à répondre à la deuxième question. Puis la traductrice a commencé à traduire sa réponse.

Instruite par l'expérience, Marie Drucker aurait bien dû se douter qu'il aurait été plus prudent de sa part d'être sûre que le président roumain ait fini de répondre à sa deuxième question avant de poser sa troisième question. Mais non : pressée d'en finir, elle a foncé tête baissée dans le piège. À la première pause, elle a posé sa troisième question. Évidemment, pendant ce temps-là, Traian Basescu a continué de répondre à sa deuxième question. Et la traductrice a entrepris de traduire sa deuxième réponse à la deuxième question. Pendant que Marie Drucker, la bouche tordue de désespoir et ne comprenant plus rien à rien, reposait sa troisième question. Que Traian Basescu, bien entendu, ne pouvait pas entendre, vu qu'il était occupé à faire sa deuxième réponse à la deuxième question, que la traductrice essayait de traduire tout en essayant de traduire simultanément quoiqu'en différé la troisième question que, pardonnez-moi, j'ai complètement oubliée. Marie Drucker, elle, écoutait ce qu'elle croyait être la réponse à sa troisième question. Puis, comprenant qu'il y avait quelque chose qui clochait, réalisait que le président roumain en était toujours à sa deuxième réponse à la deuxième question. Allait-elle, oui ou non, re-reposer sa troisième question ? Allez, Marie, vas-y ! Elle y alla. Sauf qu'elle avait un peu oublié, entre-temps, de quoi parlait exactement sa troisième question. Bravement, elle improvisa. La traductrice traduisit. Le président roumain répondit. La traductrice traduisit.

Ne me demandez pas, s'il vous plaît, quelle était la réponse à la troisième question. Je n'en ai aucun souvenir. Quant à Marie Drucker, tout ce qui lui importait, c'était d'arriver au bout de la troisième question et de la réponse à la troisième question et de la traduction de la réponse à la troisième question avant de piquer une crise de nerfs en direct. À la première pause, elle s'empressa de dire : merci, monsieur le président, d'avoir répondu sans détour à mes questions. Et maintenant… Mais le président roumain n'avait pas fini de répondre. Mais alors pas du tout. Tandis que Marie Drucker se tournait vers nous pour continuer son journal, on le vit dans un coin de l'écran qui continuait à parler. Et on entendit la traductrice qui continuait à traduire. Couvrant la voix de Marie Drucker qui parlait de la sortie d'un nouveau disque. C'était beau comme du Ionesco.

Au fait, il n'était pas roumain, Ionesco ?

Bonsoir, Arlette Laguiller
1er juillet 2006

Mais qu'est-ce qui m'a pris, de m'inviter au 20 heures de France 2 ? Je n'ai rien à dire. Absolument rien. Je suis bien placé pour le savoir, que je n'ai rien à dire. S'il y en a un qui sait qu'il n'a rien à dire, c'est tout de même moi. Je peux prévoir les titres dans la presse, le lendemain : Chirac n'a rien à dire. Et alors ? Ce ne sera pas la première fois. C'est même une de mes spécialités. Je m'en voudrais de décevoir mon public. Et puis une demi-heure d'antenne, au 20 heures, rien que pour moi, sur un simple coup de fil à la direction de France Télévisions, c'est un des privilèges de ma fonction. Il ne faut pas en abuser, on est bien d'accord. Et d'ailleurs je n'en abuse pas. Mais c'est un privilège qui me sera bientôt refusé. Après mai 2007, si vous voyez ce que je veux dire. Alors autant en profiter. Et puis je m'embête tellement, à l'Élysée…

Je n'ai rien à faire. Il y a même des jours où je me demande à quoi je sers. À part agacer Sarkozy, je veux dire. Kss kss ! Mais même ça, qui m'a tellement amusé, ça commence à me fatiguer. Qu'il aille au diable, Sarkozy ! Il a tellement envie d'être à ma place. C'en est même comique, de le voir s'agiter. Il me rappelle moi, dans mon jeune temps. Tout aussi frétillant. Tout aussi bête. Ah, jeunesse !

Bon, alors, cette interview. Il va peut-être falloir que j'y pense. Avec Arlette Chabot, en plus ! Elle aurait fait un bon adjudant, avec son côté pète-sec. Il faudra que j'en touche un mot à Alliot-Marie, si elle cherche quelqu'un pour remettre de l'ordre dans cette pétaudière qu'est devenu son ministère. Rondot! Tu me parles d'un espion, avec sa manie de tout noter et de tout garder. Ça commence à brûler d'un peu trop près, cette histoire, Clearstream et compagnie. Je parie qu'Arlette Chabot va me chercher des crosses là-dessus. De toute façon, j'ai ma réponse toute prête: je fais confiance à la justice. Ça ne mange pas de pain. Personne ne me croira. Mais quelle importance? Pourvu que je ne me mette pas à l'appeler Arlette Laguiller! J'en suis bien capable, je n'arrête pas de tout mélanger. Je n'arrive déjà pas à me rappeler les numéros de ce foutu Airbus, trois cent quelque chose… Je ferais peut-être bien de réviser, elle est capable de me parler de tout ça, EADS, Forgeard et tout le bastringue. Ma réponse: je fais confiance à la justice. Ah ah!

Sinon, qu'est-ce que je vais bien pouvoir dire? Je ne vais tout de même pas annoncer que je change de Premier ministre. Tout le monde n'attend que ça, je le sais bien. Faut dire qu'il y met du sien, Villepin. Mon Dieu, quel benêt! Il n'en loupe pas une. Il a un art de se mettre tout le monde à dos, c'est incroyable. On dirait qu'il cherche les ennuis. Mais, bon, il a voulu être Premier ministre, il n'a pas arrêté de me tanner pour que je le nomme à la place de Raffarin, qu'il se débrouille! Ce serait trop facile de le débarquer au bout d'un an. Tu l'as voulu, mon vieux, tu l'as! De toute façon, par qui voulez-vous que je le remplace, hein, par qui? Ce zozo de Borloo? Cette coincée d'Alliot-Marie? Vous me voyez, tout recommencer de zéro à même pas un an de la présidentielle? Former un nouveau gouvernement, trouver de nouveaux ministres, faire des mécontents, gérer les rivalités, imaginer des projets de loi qui n'aboutiront jamais, ferrailler contre une opposition requinquée? J'ai passé l'âge. Qu'on me laisse finir mon quinquennat tranquille. Et qu'on arrête de m'emmerder.

Qu'est-ce que j'étais peinard avec Raffarin ! Son côté petit notaire en charentaises, c'était parfait. Mais l'autre grand dadais, là, toujours prêt à chevaucher les chimères de l'imaginaire ou je ne sais quoi, qu'est-ce qu'il est fatigant ! Enfin, bon, on a dit qu'on le gardait, on le garde. Évidemment, je vais dire à Arlette Chabot qu'il est formidable. Qu'il est parfait. Qu'il a tout bon. Faut bien que je justifie son maintien à son poste, mettez-vous à ma place. Je trouverai bien deux ou trois idées pour faire son éloge. Voyons voir... l'emploi, la croissance, la sécurité... Ah oui, pas mal, ça. Je vais le noter tout de suite. Pour ne pas oublier. J'oublie tout, c'est terrible. C'est parce que ça ne m'intéresse plus. J'ai tellement voulu être président ! Mais la vérité, c'est que c'est drôlement décevant. D'accord, on voit du pays, on rencontre plein de gens, on reçoit des cadeaux. Mais, pour le reste, laissez-moi vous dire que ça ne vaut pas le coup. Quand je pense au petit Sarkozy qui ne rêve qu'à ça, jour et nuit, je rigole. Heureusement qu'il y a le foot à la télé.

Ah oui, au fait, le foot. Faut pas que j'oublie d'en parler. L'équipe de France qu'il faut soutenir, et patati et patata, je vais en faire des tonnes, vous allez voir, ça marche toujours. La finale avec le Brésil ! Zut, je ne sais même pas si c'est possible, une finale contre le Brésil... Tant pis, j'improviserai, on verra bien. Le foot, ça plaît aux gens. Plus que les histoires de Villepin et de Sarkozy, en tout cas. Dire qu'il va falloir que je dise qu'il n'y a aucune rivalité entre eux ! J'en suis tout à fait capable, ne vous en faites pas, là n'est pas la question. Nier l'évidence ne me fait pas peur, je sais faire, je crois que je l'ai suffisamment prouvé. C'est même ma marque de fabrique. Mais ils commencent à sérieusement m'échauffer les oreilles, ces deux-là. Deux garnements dans une cour de récré ! La vérité, c'est que ça me démange de tout balancer à la télé, à quel point j'en ai ras la casquette, de leurs gamineries. Rien que pour voir leur tête. Mais vous imaginez le cirque, après ? Pfff.

Non, j'ai envie de finir mon temps tranquille. En regardant le foot. Et le sumo. Je vais quand même laisser planer le suspense autour de ma candidature à la prochaine présidentielle, histoire de les embêter. Je ne vais pas me priver de ce dernier petit plaisir.

Bon. Voilà. Nous y sommes. C'est l'heure. Bonsoir, Arlette Laguiller !

Celui qui n'est pas rentré
26 août 2006

Il a bien fallu rentrer. Tout le monde finit par rentrer, un jour ou l'autre. La rentrée, c'est ce truc qui se passe après les vacances. Après l'été. On est parti le cœur léger, en refusant de penser à ce truc qui finirait bien par arriver. On a bien profité des vacances, on a bien profité de l'été. Sans penser à la rentrée. Et puis voilà, c'est arrivé. On est rentré. Comme tout le monde. Un peu plus tôt, un peu plus tard : de toute façon, tout le monde rentre. Comme c'était la dernière semaine d'août, Paris était encore vivable. Sans trop de voitures, je veux dire. Profitons-en, je me suis dit, bientôt Paris va redevenir apoplectique. Là, c'était cool, c'était doux. Un moment idéal pour rentrer : en douceur. À *Marianne*, pas de problème de clim, un vrai miracle. Pas de problème d'informatique. Pas de problème du tout. C'est chez les Corses que c'est arrivé. Le restaurant corse, à côté du journal, où nous avons nos habitudes. J'ai poussé la porte, bonjour tout le monde, c'est la rentrée, et là j'ai vraiment réalisé : on ne verrait pas Bernard Rapp.

J'avais appris sa mort par la radio quelques jours auparavant, vendredi ou samedi. La mort de Bernard Rapp. Ça m'était tombé dessus, je n'avais pas voulu comprendre. J'avais refusé de comprendre. Je l'avais vu peu de temps avant de partir en vacances. Chez les Corses, justement. On s'y voyait souvent. Il avait sa maison de production juste à côté. Il venait déjeuner avec son équipe, avec ses proches. Cette dernière fois, on avait échangé quelques mots, comme d'habitude, on avait plaisanté, comme d'habitude. On se connaissait depuis des années, je suis incapable de dire depuis combien d'années. Voilà, j'étais chez les Corses et je ne verrais plus jamais Bernard Rapp. Jamais plus. Je n'avais pas voulu comprendre, quand j'avais appris sa mort. Mais là, j'étais obligé. J'étais forcé. Bernard Rapp n'est pas rentré. Il est parti, à jamais.

Alors il faut parler de lui, de cet homme libre qui s'appelait Bernard Rapp. Qui n'a pas cessé de bouger, d'inventer, pour rester libre. Il a été, de très loin, le meilleur présentateur du journal télévisé. Je peux l'affirmer, en tant que spectateur professionnel, longtemps payé pour regarder la télé : il a été le meilleur. Le plus clair, le plus sobre, le plus chaleureux, le plus respectueux. Je ne sais toujours pas s'il est vraiment nécessaire qu'il y ait un « présentateur » pour nous « présenter » le journal. Mais en tout cas il a été le modèle de ce que doit être un présentateur. Ni démagogue, ni faussement copain, ni hautain, ni écoutez-moi bien, ni j'ai des révélations, ni tout ce qu'on voit si souvent. Honnête. L'honnête homme. Élégant : l'élégance des mots, l'élégance du cœur. Et à propos d'élégance, impossible de ne pas parler de l'étiquette british dont on l'a affublé. Parce qu'il avait été correspondant à Londres, parce qu'il avait écrit des livres sur l'Angleterre, parce qu'il portait le tweed comme personne, on l'avait qualifié, une bonne fois pour toutes, de british. Flegme, sang-froid, humour pince-sans-rire. Mais Bernard Rapp n'avait rien de flegmatique ! Absolument rien ! Il était passionné, enthousiaste, emporté, impatient, chaleureux, volubile, susceptible…

Et il avait envie d'aller où était son plaisir. Il a été le meilleur présentateur du journal télévisé. Il aurait pu continuer. Mais il en a eu assez de présenter le journal télévisé. Alors il est parti pour se lancer dans une autre aventure, excitante et rigolote : « L'assiette anglaise ». Une émission selon son bon plaisir, pour épingler, avec le sourire, tous les menus travers de l'air du temps. Il était le chef d'orchestre, mettant en valeur ses premiers violons, ces chroniqueurs avec qui il se montrait si généreux, Philippe Aubert ou Jean Teulé. C'était de la télé inventive, insolente, pétillante. Et jamais méprisante. Jamais. Impossible avec Bernard Rapp. Et puis il a voulu se consacrer à sa grande passion : les livres. Ceux des autres. La littérature. Il a d'abord assumé, crânement, une écrasante succession : celle de Bernard Pivot, qui venait d'arrêter « Apostrophes ». Ce fut l'aventure de « Caractères ». Pas simple, pas facile : sans cesse on le comparait à Pivot (qui, bien entendu, était tellement mieux !) et il vivait cela comme une injustice. Il n'était pas Pivot. Il était Bernard Rapp. Avec ses passions (il parlait plus volontiers des romans que des essais) et, justement, son caractère : emporté, volubile, parlant vite et beaucoup.

Puis ce fut un tout autre défi, celui d'« Un siècle d'écrivains ». Un monumental projet : une encyclopédie de la littérature du XXe siècle, à travers une série de portraits, sur plusieurs années. Il en fut le concepteur et le directeur éditorial (établir la liste des auteurs, trouver les réalisateurs...), n'apparaissant à l'écran que pour une courte présentation, avec cette élégance, toujours, derrière laquelle il s'effaçait pour servir de passeur. Bernard Rapp le passeur : fonction ingrate, dans ce monde où il faut sans cesse se faire mousser, occuper le devant de la scène, tout ramener à soi. Ce monde de la télé dont il avait fini par avoir assez. Assez de se faire formater, assez d'être le type qu'on voit à la télé, dans ce théâtre d'ombres et de faux-semblants. Alors il avait quitté la télé, pour ne plus être une image dans la machine à images, mais pour créer ses propres images : des films. Il était devenu cinéaste, à ses risques et périls. L'aventure, toujours, le plaisir, la liberté.

Et c'est de cela qu'on parlait, ces derniers temps : ses films. Et ses projets de films. Mais voilà : on n'en parlera plus. Bernard Rapp n'est pas rentré. Bernard Rapp s'est absenté. Chez les Corses, machinalement, j'ai regardé vers la porte, pour voir s'il n'allait pas la pousser. J'ai pensé à son sourire, quand il entrait. Le bon sourire de Bernard Rapp. C'est tellement triste, d'un seul coup.

Foutue, foutue rentrée.

Les engrenages du cerveau d'Ockrent

23 septembre 2006

Lundi, à la conférence de rédaction, j'ai demandé si quelqu'un avait vu Bayrou chez Christine Ockrent. On m'a regardé comme si je débarquais de feu la planète Pluton. « Chez Ockrent ? Tu veux dire à "France Europe Express" ? » Ben oui, j'ai répondu. Chez Ockrent, quoi. « Tu regardes ça, toi ? » Ben oui. « T'es certainement le seul ! » Comment ça, le seul ? Le seul de *Marianne* ou le seul dans toute la France ? Je serais le seul et unique téléspectateur de « France Europe Express » ! Ça alors ! Je n'en reviens pas ! J'ai cru comprendre, de la part de mes collègues, que ce n'était pas un compliment. Alors que moi, je trouve qu'être le seul spectateur d'une émission, c'est un exploit, je devrais être décoré. Eh bien, dommage que vous n'ayez pas vu Bayrou chez Ockrent, j'ai continué. Vous avez manqué quelque chose ! Ils me sont tous tombés dessus. « Quoi ? Qu'est-ce qu'on a manqué ? Qu'est-ce qui s'est passé ? Raconte ! » Telle est, mesdames et messieurs, l'inconséquence de l'« Homo mariannus » : il se flatte de ne jamais regarder Ockrent, il toise de haut son seul et unique téléspectateur. Et il exige qu'on lui raconte ! J'ai failli répondre : vous n'aviez qu'à regarder, na ! Mais j'étais de bonne humeur. Alors j'ai raconté. Et, puisque vous êtes là, je vous raconte à vous aussi. Comme ça, vous pourrez faire mine d'avoir vu Bayrou chez Ockrent. Merci qui ?

Donc, Bayrou était l'invité principal de Christine Ockrent. Il était en chemise, sans cravate, rebelle à mort, James Dean *forever*. Bien décidé à casser le système. C'est ce qu'il a dit à Christine Ockrent : je suis le candidat antisystème. Quel système ? Le système Sarkozy-Royal, inventé et mis en scène par les médias, comme quoi tout va se jouer entre eux deux, vous connaissez la chanson. Halte à la bipolarisation ! Feu sur le quartier général ! Il était remonté, mon vieux, comme une pendule. Marre du système ! Je suis un homme libre ! Christine Ockrent, en l'écoutant, avait l'air sceptique, c'est rien de le dire. Elle a entrepris de le renvoyer à sa misérable condition de petit candidat sans la moindre chance. « Mais enfin vous savez bien qu'en France la bipolarisation est inévitable, c'est la logique des institutions, tout simplement parce que... enfin je veux dire... et d'ailleurs... » Je résume, hein. Ce n'est pas du mot à mot. Toujours est-il qu'elle s'est lancée dans une tirade emberlificotée, plus ça allait, moins c'était clair. Bayrou, un grand sourire aux lèvres, ne l'a pas loupée : « Je vous écoute, Christine Ockrent, et j'entends les engrenages dans votre cerveau. En réalité, vous vous rendez compte en parlant que ce que vous dites ne tient pas debout, vous êtes en train de chercher une logique qui n'existe pas, vous ramez, c'est pathétique ! » Là encore, je résume, hein.

Ah, la tête de Christine Ockrent, prise en flagrant délit de langue de bois, comme un gamin surpris les doigts dans le pot de confiture ! Elle a pris un air pincé : « Qu'est-ce que vous allez chercher là ? Mais c'est n'importe quoi, mais pas du tout ! » Bayrou rigolait franchement, il jubilait, il avait la preuve de ce qu'il dénonçait : le conformisme des médias, incapables de démontrer ce qu'ils tiennent comme une évidence.

Mais la fête (la fête à « France Europe Express », j'entends) n'était pas finie. Un journaliste de l'émission a présenté les résultats d'un sondage. La question portait sur le désir, ou non, des Français de voir se mettre en place un gouvernement d'union nationale, par-delà les clivages partisans. À plus de 60 %, c'était oui. Avec, dans certaines familles politiques, des scores à plus de 70 %. Bayrou rayonnait comme un sapin de Noël. Christine Ockrent a alors donné la parole à Jérôme Jaffré : « Vous qui êtes le grand spécialiste des sondages, qu'est-ce que vous en pensez ? » Rappelons que le grand spécialiste des sondages avait prédit, jusqu'au bout, en 1995, l'écrasante victoire de Balladur sur Chirac. Il avait même écrit, dans *Le Monde* : « Pourquoi Balladur a gagné ». Le grand spécialiste des sondages a alors balayé ce sondage d'un dédaigneux revers de main : « La vérité, monsieur Bayrou, c'est qu'en France un gouvernement d'union nationale est impossible, et vous le savez très bien. Tout simplement parce que la logique des institutions blablabla, la bipolarisation blablabla. » Bayrou le rebelle, là non plus, ne l'a pas loupé : « Alors là vous êtes gonflé ! Vous savez mieux que les Français ce qu'ils pensent ! Voilà un sondage qui dit ce qu'ils veulent, et vous, du haut de votre science, vous décidez qu'ils ont tort ! Que c'est vous qui savez ! »

Jaffré, il vous l'a éparpillé façon puzzle, mon vieux, on voyait les morceaux voler dans le studio, c'était les Tontons flingueurs à lui tout seul. Jaffré, comme un lapin pris dans les phares, jetait des coups d'œil effarés à droite et à gauche, j'aime autant vous dire qu'il n'en menait pas large. Deux représentants du système dézingués coup sur coup : quelle gâchette, le père Bayrou !

Hé, oh, ne me faites pas dire ce que je n'ai pas dit : je ne suis pas en train de dire que je suis pour Bayrou, que je vais voter pour lui, hou là ! On se calme, les gars ! C'est juste que j'ai trouvé ça jouissif. Il devrait se laisser aller plus souvent, Bayrou. En rebelle, il assure sacrément. Déjà, sur TF1, face à la glaciale

Chazal, il avait tapé fort. Chez Ockrent, il a été encore plus performant. Où va-t-il s'arrêter ? Qui va-t-il se payer la prochaine fois ?

Vas-y, François ! Kss kss ! Laisse parler ton cœur ! *Gardarem lou* Béarn !

Parce qu'il le veau bien !

30 septembre 2006

Ce n'est pas pour me vanter, mais j'ai un boucher épatant. Sa viande (enfin, celle de ses bœufs, veaux, porcs et agneaux) est un pur délice. Ça fait des années, voire plus, que je fréquente son échoppe et c'est rien que du bonheur, comme on dit à la télé. Je sens bien que vous aimeriez que je vous donne son adresse. Mais, outre que cette chronique est libre de toute publicité, je ne suis pas du tout pressé de vous la donner. Parce que figurez-vous que je ne suis pas le seul à le trouver épatant, mon boucher. Ce qui fait qu'il y a foule, à l'entrée de son échoppe, jusque loin sur le trottoir. Qui dit foule dit file d'attente. Et donc attente. Évidemment, mon boucher serait ravi d'avoir de nouveaux (et distingués) clients. Mais moi, je ne serais pas ravi du tout d'attendre encore plus longtemps. J'aime beaucoup mon boucher (et sa viande). Mais je n'aime pas du tout poireauter sur le trottoir. De toute façon, tentez votre chance, faites le tour de Paris : si vous voyez une file d'attente, c'est là.

Bref. L'autre jour, je vais chez mon boucher, je lui prends trois côtes d'agneau dans le filet, je vais payer à la caisse et là mon boucher sort un carton de sa poche et me le tend. « Vous seriez libre, lundi soir ? » il me demande avec un petit sourire. « Lundi soir ? Euh, oui, pourquoi ? » Il me montre le carton. Je lis : « M. le Maire du [...] arrondissement vous prie d'honorer de votre présence la cérémonie au cours de laquelle il remettra la croix de chevalier de l'ordre du Mérite agricole à [ici, le nom de mon boucher]. » Mazette ! Mon boucher décoré ! Chevalier du Mérite agricole ! J'ai eu comme une bouffée d'orgueil. Il a le Mérite agricole, votre boucher à vous ? Eh bien le mien, oui. Dis-moi quel est ton boucher, je te dirai qui tu es. Je mérite un boucher qui a le Mérite. D'un autre côté, j'ai eu comme un petit accès de jalousie. Parce que, tant qu'à avoir une décoration, autant que ce soit le Mérite agricole. Tout le monde a la Légion d'honneur. Il suffit de lire la liste dans *Le Monde*, les jours de grande distribution : tout le monde l'a. Tandis que le Mérite agricole… Je n'ai pas souvenir d'avoir vu dans *Le Monde* une liste d'hommes politiques, d'écrivains, de comédiens, d'artistes, de journalistes décorés du Mérite agricole. C'est hypersnob, le Mérite agricole. C'est la classe. C'est ce que j'ai dit à mon boucher. Je lui ai dit : « Je suis jaloux. J'aimerais bien l'avoir. » Il m'a demandé à quel titre je pensais y avoir droit. « Aucun, je lui ai répondu. Sinon que je suis né à la campagne. » C'est une bonne raison, je trouve.

Bref. Je lui ai dit que ce serait avec un immense plaisir que j'honorerais de ma présence la cérémonie dont à laquelle, etc., etc. À défaut d'honorer de ma présence la cérémonie de mon Mérite agricole à moi. Puis je lui ai demandé s'il avait pensé à son discours. Je lui ai suggéré de remercier ses vaches. Celles qu'il achète dans la Sarthe. Il leur devait bien ça, j'ai ajouté. Il m'a dit qu'il verrait. Le lundi en question, lundi dernier, donc, je me suis retrouvé dans une belle salle de la mairie de mon arrondissement. J'ai reconnu d'autres clients de la file d'attente. J'étais vachement honoré d'être quelque chose comme un client d'honneur. Mon boucher était resplendissant, dans son costume et sa cravate. Et sa femme aussi, quoique sans cravate. Elle tient la caisse à la boucherie. Elle coupe aussi la viande. Et sert le fromage. Parce que c'est une boucherie qui vend du fromage (mais pas de poisson, désolé pour les amateurs de poisson). Et des rillettes, j'ai oublié de vous le dire : mon boucher est champion de France des rillettes, ou quelque chose comme ça.

Le maire est arrivé, il a serré les mains, il s'est installé derrière le micro. Et il a lu son discours. Il a dit que c'était tout de même assez rare de décorer quelqu'un du Mérite agricole à Paris. Et même extrêmement rare. C'est vrai qu'il y a peu de fermes à Paris. Et qu'on y croise rarement des troupeaux de vaches. Aussi était-il particulièrement honoré de décorer mon boucher, qui le méritait bien. Après les applaudissements, mon boucher a dit qu'il remerciait tout le monde. Puis le maire lui a épinglé la médaille sur son veston. Une très belle médaille, si je puis me permettre. Je me suis dit qu'elle m'irait drôlement bien. Surtout si je mettais du « Summer look soin autobronzant » de Nivea. J'ai vu la pub. Une double page couleur. Le type, sur la photo, on le voit bronzer en quatre jours. C'est écrit : « Effet progressif à moduler selon votre envie. Hâle naturel sans effet orange. » Encore heureux ! Bronzé comme une orange, c'est pas exactement comme ça que je m'imagine. Mais là, non. Bronzé de chez bronzé, le type. Comme Chirac. Ce que je préfère, c'est la signature de cette pub : « Que c'est beau d'être un homme. » Oh oui ! Ah que oui ! Surtout avec une belle médaille du Mérite agricole qui ferait ressortir mon bronzage sans effet orange.

Après, on a bu le champagne. J'ai chaudement félicité mon boucher. Je lui ai fait remarquer qu'il avait oublié de remercier ses vaches. Il m'a dit qu'il était trop ému. Et pourtant, elles ont de l'allure, ses vaches. Pendant la crise de la vache folle, mon boucher diffusait une vidéo de ses vaches de la Sarthe, avec le nom de l'éleveur et tout, pour bien montrer que c'était de la vache 100 % terroir garantie pure vache. Je vous l'ai peut-être déjà dit, mais j'ai gardé les vaches, dans ma folle jeunesse. Si elles étaient toujours de ce monde, elles s'en souviendraient encore. Vu ma méthode un peu particulière pour les garder. Ou, plus exactement, pour ne pas les garder. En tout cas, j'adore les vaches. Quand je pense qu'on les a traitées de folles ! Nous, les hommes, qui sommes complètement fous, on a traité les vaches de folles ! J'ai failli monter un comité de soutien. Et porter plainte, en leur nom, pour diffamation.

Tiens, le Mérite agricole, je l'aurais bien mérité.

Le cycliste, le vent, les bernaches et la trahison…

4 novembre 2006

Les bernaches viennent d'arriver. Je vois bien que ça ne vous fait ni chaud ni froid. Vous avez tort : l'arrivée des bernaches annonce généralement l'arrivée du froid. Ne me dites pas que je ne vous aurai pas prévenus. Elles arrivent de Pétaouchnock, là-bas dans le Nord. Elles font une escale technique quelque part en Scandinavie. Et hop, elles débarquent en Bretagne. Avant de repartir pour le Sud, genre Afrique du Nord, vers le mois de mars. Les bernaches sont des oies. Elles volent en V, comme tout le monde dans le ciel, même la patrouille de France. Une fois l'aire d'atterrissage ou plutôt d'amerrissage repérée, la chef de vol passe le message aux autres par talkie-walkie. Et, aussi sec, tout le monde descend. Dans l'eau. Elles passent leurs journées à se prélasser sur la mer. Et à papoter.

C'est fou ce que les bernaches papotent. Elles en ont, des trucs à se raconter, c'est pas croyable. Même en vol, elles papotent. Si on passe trop près d'elles, la chef de vol donne le signal de décollage. Et toute la bande démarre, dans un grand charivari d'écume, en nous lançant des bordées d'injures. À part ça, ce sont des fainéantes de première. Elles bouffent des trucs et des machins dans l'eau et dans la vase. Elles se dorent la pilule au soleil. Et elles papotent, toute la sainte journée. Chouette programme. Bon, d'accord, elles ont le droit de se reposer. Ça ne doit pas être une sinécure, voler pendant des jours et des nuits ; elles perdent je ne sais combien de kilos dans l'histoire ; elles doivent être claquées. Alors elles mangent, elles flemmardent, elles font du pédalo. En papotant.

Pendant ce temps-là, moi, je sue comme un damné. En pédalant. C'est à vélo que je les ai découvertes, les bernaches, enfin, moi à vélo, les bernaches sur l'eau. J'ai dit à mon vélo : tiens, les bernaches sont là ! Pour toute réponse, mon vélo a sauté une vitesse. Qu'est-ce qu'on sue, à vélo ! Attendez, pas d'erreur, moi c'est pas le vélo de course, le maillot façon Tour de France, le casque et les cale-pieds. Je laisse ça aux retraités du dimanche matin, qui font mon admiration, bon courage les gars, mais sans moi. Faut voir la vitesse à laquelle ils moulinent, qu'il pleuve ou qu'il vente, bonjour les crampes à l'arrivée. Moi, c'est le vélo peinard, tranquille, sur les petites routes le long des côtes, pour dénicher les bernaches.

N'empêche que le long des côtes, c'est plein de côtes. Qui grimpent sacrément sec. Qui te scient les mollets, qui te démolissent les genoux, qui te font ahaner comme un damné. Et, donc, suer. Évidemment, l'intérêt d'une côte, c'est que dans l'autre sens c'est une descente. Alors là, hardi petit, un bon coup de pédale au sommet, on lâche tout, roule Raoul, fonce Alphonse, dégagez devant, le fou volant arrive, banzaï ! C'est grisant, la descente, le vent siffle aux oreilles, on voit se rapprocher la mer tout au bout, on fait du 100 à l'heure, on fonce à toute berzingue, salut les bernaches, faites-moi une place, j'atterris !

Évidemment, faudrait pas qu'une vache se mette en travers sur la route. Un vélo à pleine vitesse contre une vache à aucune vitesse, je vous laisse imaginer les dégâts. Moi, je préfère ne rien imaginer du tout, je fonce. Faudrait pas non plus qu'un chasseur me prenne pour un sanglier. Les chasseurs voient des sangliers partout. Même à vélo. Alors ils tirent, à tout hasard. Des fois que l'olibrius qu'ils voient foncer avec sa polaire rouge soit bel et bien un sanglier. Je vous jure, monsieur le juge, on a déjà vu des sangliers rouges ! Parfaitement ! Et qui faisaient du vélo ! Quand je pense qu'ils ont tué une dame qui cueillait des champignons, l'autre jour. Je vous jure, monsieur le juge, j'ai cru que c'était un sanglier ! C'est pour ça que je mets ma polaire rouge, quand je fais du vélo. Pour que les chasseurs me voient de loin. Ce qui est stupide : quand un chasseur voit rouge, il tire.

Cela dit, les côtes le long des côtes, c'est du boulot. J'ai beau prendre mon élan dans la descente, la tête dans le guidon pour faire l'œuf comme à ski, quand la côte est raide, c'est rude. Je joue du dérailleur comme un forcené, les vitesses sautent les unes après les autres, je pédale dans le vide, je rétrograde, la chaîne se remet dans le truc, j'ai l'impression de faire du surplace, je zigzague comme un ivrogne, encore un coup de pédale, encore un coup, oh hisse !, j'ai le cœur qui me saute à la gorge, je vais exploser en vol. Finalement, j'arrive au sommet, cacochyme, héroïque, ce que j'ai fait aucune bête au monde ne l'aurait fait, pas vrai, Guillaumet ? Et là je vois le désastre : en fait, la côte n'est pas finie. Juste derrière le virage, elle continue. Elle fait partie de la catégorie des côtes vicieuses, qui font mine d'être finies, qui trichent, et qui, au-delà du virage, après un faux plat sadique, repartent de plus belle. On devrait interdire les côtes vicieuses. Elles n'ont qu'un seul but : saper le moral des cyclistes courageux, désintéressés, amoureux des bernaches. C'est un scandale. C'est une honte.

Le pire : le vent dans le nez. Le pire du pire : le vent dans le nez à l'aller, le vent dans le nez au retour. Parce que quand on part avec le vent dans le nez, on peste, on jure, d'accord. Mais on se dit qu'au retour on l'aura dans le dos. Ahanant contre le vent, on rêve au retour, à la petite poussette du vent qui donne des ailes.

En tout cas, qui devrait. Car le vent, parfois, décide arbitrairement de changer de sens. Par pur caprice. Pour emmerder les cyclistes, qui ne lui ont rien fait. Et c'est ainsi qu'au moment où on s'apprête à savourer le souffle bienfaisant du vent contre nos dos meurtris on se le prend en pleine face. C'est pas juste ! Comment voulez-vous croire à quoi que ce soit après une telle infamie ? Le cycliste, en ces moments terribles, ne croit plus à rien. D'autant plus qu'il vient de péter son dérailleur.

Heureusement, pareilles trahisons n'arrivent pas tous les jours. La plupart du temps, le cycliste vole de côte en descente, de descente en côte, suivant du regard la mer qu'on voit danser le long des golfes clairs, bercé par le clapotis des vagues et le papotis des bernaches.

Et vous, ça va comme vous voulez ?

Jeu de pieds, jeu de frustrés

2 décembre 2006

Ce n'est pas pour me vanter, mais j'ai fait un tabac, lundi dernier, à la conférence de rédaction. Il faut dire qu'on sortait d'un débat houleux sur Ségolène et le féminisme. Par parenthèse, ceux qui croient, pour s'en réjouir ou s'en désoler, que *Marianne* roule pour Ségolène auraient dû être là. J'aime autant vous dire (sans vouloir cafter) qu'elle n'a pas que des copains au journal, oh non ! Et même, pour être plus précis, qu'elle n'a pas que des copines. Ouh là ! Ça bardait pour son matricule, à Ségolène, côté consœurs, je ne vous dis que ça ! Bref. Pour détendre l'atmosphère, on a abordé un sujet beaucoup plus cool, beaucoup moins conflictuel : le foot. La violence dans le foot, les supporters fachos, le PSG, tout ça. Comme quoi le foot n'y était pour rien. C'était la faute à ces abrutis de fachos. Et à la complaisance des patrons du PSG pour ces abrutis de fachos.

C'est là que j'ai fait un tabac. J'ai dit : comment ça, le foot n'y est pour rien ? Mon œil ! Et j'ai demandé si je pouvais développer ma théorie. Parce que j'ai une théorie sur le foot, oui, monsieur. La première chronique où je l'ai exposée date du 28 juin 1989. D'accord, ça ne nous rajeunit pas. C'est juste pour dire que j'ai de la suite dans mes idées (et de l'ordre dans mes archives). La direction m'ayant autorisé à en faire profiter toute la rédaction, je me suis lancé. Et puisque vous êtes là, autant que vous en profitiez, vous aussi. Je vous préviens tout de suite : c'est une théorie qui décoiffe. La textique, à côté, c'est de la petite bière. Accrochez-vous. Donc, la violence dans le foot, ce ne serait pas la faute du foot. Ce serait la faute aux fachos. À l'alcool. Au chômage. Au nombre. À la foule. À la société. À l'argent. Aux cons. À tout ce que vous voulez. À tout le monde. Sauf au foot. Le foot serait un sport gentil, cool, convivial, festif, familial, qui fait le bonheur des peuples et la concorde entre les nations, amen.

Ma théorie à moi (attention, c'est parti), c'est que c'est un sport de frustrés. Qui crée de la frustration. Et donc, de proche en proche, de la violence. Pourquoi ? Avant de répondre, laissez-moi vous rappeler que j'ai beaucoup joué au foot, dans ma lointaine jeunesse (ailier gauche, si vous voulez tout savoir), que j'adore voir le foot à la télé, que je suis, pour les siècles des siècles, un farouche supporter des Verts de Saint-Étienne. C'est juste pour que vous ne disiez pas : sa théorie à la noix, c'est pas étonnant, il ne connaît rien au foot, il n'y comprend rien. Reprenons. Donc, pourquoi ? Mais ça crève les yeux ! Regardez un match de foot. Qu'est-ce que vous voyez ? Onze types d'un côté, onze types de l'autre. Et un ballon. Le but du jeu, c'est d'envoyer le ballon dans les buts de l'adversaire à coups de pied, de tête, de dos, d'épaule, de cuisse, de genou. Bref, à coups de tout ce que voulez. Sauf des mains. Interdit de toucher le ballon avec les mains ! *Strictly verboten !* Pas touche ! Bas les pattes ! Haut les mains ! Si tu touches le ballon avec les mains, coup de sifflet, coup franc, carton jaune, carton rouge, penalty, bref : faute ! Grosse faute !

Et c'est là que ça ne va pas. Il suffit de regarder un ballon pour comprendre que ça ne tient pas debout. Un ballon, par nature, par essence, par destination, est fait pour être pris par les mains. Dans les mains. On a envie de l'envoyer, de le recevoir, de le lancer, de le transmettre AVEC LES MAINS. C'est ce qu'ont compris tous les sports de balle et de ballon. Sauf le foot. Au foot, non seulement tu ne peux pas. Mais, si tu le fais, tu es coupable! Tu commets une faute! C'est contre nature. C'est criminel. D'où la frustration. Les joueurs de foot, sur le terrain, s'interdisent le geste le plus évident, le plus naturel: prendre le ballon avec les mains. Pensez qu'ils n'ont même pas le droit de seulement le toucher avec la main! On marche sur la tête. Et on s'étonne du coup de tête de Zidane. Mais ils n'en peuvent plus, les footballeurs! Alors leur frustration, il faut bien qu'elle trouve un exutoire. Et l'exutoire, c'est la violence. Faut les voir de près, les footballeurs. Surtout dans la surface de réparation, à l'occasion d'un corner ou d'un coup franc. Tous les coups qu'ils se font en douce. Ils se tatanent les tibias, se déchirent les maillots, se bourrent les côtes de coups de coude, les cuisses de coups de genou, s'attrapent par les oreilles. Ah, c'est pas joli joli!

Et alors, qu'est-ce qui se passe? Il se passe que cette frustration, cette violence gagnent, de proche en proche, les gradins, les tribunes, les spectateurs. C'est contagieux. Ça se propage. Ça se dissémine. Et, fatalement, régulièrement, ça explose. Vous ne me croyez pas? Vous trouvez que je délire grave? Alors expliquez-moi pourquoi il n'y a jamais de violence autour des autres sports. Hein, pourquoi? Je vais vous le dire: parce qu'on y joue au ballon avec les mains. C'est aussi bête que ça. Et c'est irréfutable. Avez-vous déjà vu des émeutes, des affrontements, des agressions, des ratonnades lors de matchs de basket-ball, de volley-ball, de hand-ball, de rugby? Hein? Jamais. Non seulement les joueurs ont le droit de toucher le ballon avec les mains, mais c'est la règle, le but du jeu. Les joueurs se font plaisir! Ils enveloppent le ballon dans leurs bras, le lovent contre leur corps, le caressent, le font tourner dans leurs mains... Rien que du bonheur! J'entends l'objection: s'il n'y a pas de violence autour des autres sports, c'est uniquement parce que le foot est le seul à attirer 40 000 spectateurs ! C'est à cause de la foule ! Et pas à cause de votre théorie débile ! Alors expliquez-moi pourquoi il y a autant de monde dans les stades de football américain et jamais de violence dans les gradins. Hein, pourquoi ? Parce qu'ils jouent avec les mains. Et toc. Vous comprenez maintenant pourquoi j'ai fait un tabac.

Enfin, euh, avec, comment dire, des mouvements divers..

Laissez-moi tranquille !
9 décembre 2006

Sur une table basse, dans le couloir, à la sortie de mon bureau, traînent toujours quelques livres. Ce sont des livres que les uns et les autres ont reçus, à *Marianne*. Et que ceux qui les ont reçus mettent généreusement à la disposition des autres (façon polie et hypocrite de dire qu'ils s'en débarrassent). J'y jette parfois un œil, au cas où. Tout à l'heure, donc, sur la table basse du couloir, je vois un livre qui, une fois n'est pas coutume, m'interpelle grave. L'auteur : Édouard Balladur. Le titre : *Laissons de Gaulle tranquille.* C'est le titre qui m'a arrêté net, là, devant la table basse du couloir. Qu'est-ce qu'il veut dire par là, Balladur ? Et, surtout, à qui s'adresse-t-il ? Supposons qu'il s'adresse à moi. Pas qu'à moi, bien sûr, je ne suis pas mégalo au point de penser que Balladur écrit ses livres juste pour moi (quoique...). Mais il n'y a pas de raison que Balladur ne s'adresse pas, aussi, à moi. Entre autres. Donc, je lis ce titre : *Laissons de Gaulle tranquille.* Je pose la question : pourquoi Balladur me demande-t-il de laisser de Gaulle tranquille ? Personnellement, je laisse de Gaulle parfaitement tranquille. Où qu'il soit, quoi qu'il fasse, je le laisse tranquille. Je n'ai aucune raison de déranger de Gaulle. S'il ne tenait qu'à moi, personne n'irait embêter de Gaulle. Et pourquoi irait-on l'embêter ?

Qu'est-ce qu'il s'imagine, Édouard ? Que tout le monde a envie d'embêter de Gaulle ? De lui chatouiller les orteils, de lui tirer l'oreille ? Comme si Édouard tirait la sonnette d'alarme, pour éviter le pire : je vous en conjure, laissons de Gaulle tranquille ! On se souvient d'Édouard, le soir du premier tour de la présidentielle, en 1995, lançant à ses partisans, comme un père de famille débordé à la table du dimanche : je vous demande de vous taire ! Et voilà, il nous refait le coup : je vous demande de laisser de Gaulle tranquille. Mais je te jure, Édouard, je le laisse tranquille ! J'ai autre chose à faire que d'embêter de Gaulle. Ça ne m'a pas traversé l'esprit une minute de l'embêter. Pour être tout à fait franc, je ne passe pas mes journées à penser à de Gaulle. Désolé de te décevoir, Édouard. Désolé de te faire de la peine. Je te le dis avec le maximum de ménagements : je vis très bien sans penser à de Gaulle. Je ne me réveille pas tous les matins en me disant : mon Dieu, de Gaulle n'est plus des nôtres ! Mon Dieu, comment vais-je survivre ? Ne t'inquiète pas pour moi, Édouard. Franchement. Allez, je te laisse tranquille. Et de Gaulle aussi. Je te le promets.

Tout à fait entre nous, le livre d'Édouard, je ne l'ai pas lu. Le titre m'a suffi. Un livre entier pour expliquer pourquoi et comment il faut laisser de Gaulle tranquille, merci bien. Il y a assez de questions auxquelles je ne trouve pas de réponses pour lire des réponses à des questions que je ne me pose pas. Pour prendre un seul exemple : pourquoi, quand je fais la queue quelque part, les gens devant moi demandent-ils toujours des choses invraisemblables, qui me font perdre un temps fou ? Hein, pourquoi ? Je suis sûr que ça ne vous arrive pas, à vous. Je suis sûr que ça n'arrive qu'à moi. Il suffit que je fasse la queue quelque part, à la banque, à la poste, à la SNCF, où vous voulez, pour que les gens devant moi ne pensent qu'à m'embêter.

Tenez, pas plus tard que tout à l'heure, j'étais à la poste. Je n'avais rien de compliqué à demander : juste une lettre recommandée. Voyez, je ne suis vraiment pas le genre à embêter les autres. Alors que les autres, si. Eh bien, ça n'a pas loupé. Il y avait trois guichets. Les trois personnes devant moi, à peine installées devant leur guichet, se sont mises à demander des trucs insensés. À croire qu'elles faisaient des virements sur des comptes numérotés au Luxembourg à destination des îles Caïman, le tout payé en chèques d'une banque russe domiciliée à Shanghai. Bien sûr, je raconte n'importe quoi : ils n'avaient vraiment pas des têtes à blanchir de l'argent pas net, les clients devant moi. Mais c'est justement ce qui me tue : qu'est-ce qu'ils avaient à faire de si compliqué pour que ça prenne des plombes et que les guichetiers frisent la crise de nerfs ? Moi, la poste, c'est pour poster une lettre. Recommandée, à la rigueur. Ou un paquet. Mais eux, non. La poste, pour eux, c'est un prétexte à m'embêter. Pareil à la SNCF. Les gens devant moi prennent des billets avec des réductions différentes selon la date et la destination, avec des correspondances surréalistes, des retours impossibles pour des dates improbables. Et quand c'est fini, ils s'aperçoivent qu'ils se sont trompés. En fait, la réduction de 25 %, c'était pour Perpignan-Béziers le 24 décembre et non pas Narbonne-Toulouse le 3 janvier, parce que, vous comprenez, le 31 décembre on doit faire le réveillon chez mémé à Carpentras et justement... Stop ! Assez ! Allez où vous voulez ! Mais, là, tout de suite ! Et sans retour !

Et je ne vous parle pas du supermarché. À tous les coups, à la caisse, le type devant moi aura oublié un paquet de lessive, attendez-moi, j'en ai pour une minute, il se perd dans les rayons, la caissière ne peut pas me facturer mes yaourts et mes nouilles, le client finit par revenir avec son paquet de lessive, il le donne à la caissière, le code-barres ne passe pas, la caissière appelle quelqu'un au téléphone pour avoir le prix, personne ne répond, elle brandit le paquet de lessive pour le montrer aux autres caissières, finalement on lui donne le prix, là-dessus le client dit c'est trop bête je me suis trompé de lessive, ne bougez pas, j'en ai pour une minute… Voilà ce qui m'arrive, à moi.

Croyez-moi, cher Édouard, l'urgence, dans la France d'aujourd'hui, ce n'est pas de laisser de Gaulle tranquille. Mais de me laisser tranquille, moi.

Ça, oui, ça vaut un livre.

Vite, un set à huîtres
6 janvier 2007

Eh bien, voilà une bonne chose de faite. Les fêtes, je veux dire. Les dernières fêtes avant l'autoroute. Parce que là, maintenant, à partir de dorénavant, c'est parti à fond la caisse, quatre mois non-stop, direction la présidentielle. Le top départ, c'est le rituel des vœux. À commencer par ceux de Chirac, le 31 décembre, à 20 heures pétantes. Ce que j'adore, avec les vœux du président de la République, c'est que, juste après, à la télé et à la radio, des journalistes nous expliquent ce qu'il vient de dire. Et pour mieux nous expliquer, ils commencent par répéter, mot pour mot, ce qu'on vient d'entendre. Au cas où on n'aurait pas bien entendu. « Concernant les prochaines échéances, le président a indiqué... » ; « À propos du problème du logement, il a souhaité... » ; « Au sujet de la politique étrangère de la France, il a rappelé... » Et ainsi de suite. C'est un métier formidable, commentateur politique. J'aurais dû faire ça. Pendant trois minutes, on se prend pour le président de la République. Ou au moins sa doublure. Ça doit être grisant.

Sinon, pour les vœux, dès le lendemain, il y a ceux du pape, en direct de la place Saint-Pierre. À chaque fois, à la surprise générale, il lâche un scoop : il est pour la paix. Aussitôt, les agences de presse et les médias informent le monde entier de ce scoop. Je tiens à dire que moi aussi je suis pour la paix. C'est ce qui nous rapproche, le pape et moi. Je tiens à préciser, à toutes fins utiles, que je suis aussi pour la tolérance, pour la fraternité, pour la liberté, pour l'amitié entre les peuples, pour le développement durable, pour l'écologie, contre la guerre, contre le racisme, contre l'antisémitisme, contre le fanatisme. Je suis à fond pour l'amour. C'est mon côté radical.

Mais il n'y a pas que l'amour et la paix dans la vie. Il y a le progrès. Bien sûr, je suis aussi pour le progrès. Mais j'aimerais, tant qu'on est encore dans la période des vœux, émettre un vœu très précis. J'aimerais que les inventeurs arrêtent d'inventer. Pas les inventeurs en général : les inventeurs en informatique, en ADSL, en téléphones portables, en Internet, en mégabits, en MPEG 4, en Livebox, en podcasting, en téléchargement, en SMS, en MMS, en tous ces machins-là. Ils ont à peine inventé un truc, les inventeurs, qu'ils en inventent aussitôt un autre. Alors qu'on n'a même pas eu le temps de comprendre l'invention d'avant. Ni de s'en servir correctement. À croire que c'est plus fort qu'eux, qu'ils ne peuvent pas s'en empêcher. Ce ne sont pas des feignants, ça non. On peut même dire que c'est de sacrés bosseurs. Mais je voudrais juste qu'ils s'arrêtent. Je voudrais juste dire pouce. Parce que moi, je n'arrive plus à suivre. À la vitesse où ça va, on a à peine acheté un truc qu'il faut en acheter un autre. Le téléphone, la télé et l'ordinateur, c'est devenu un micmac pas possible. Halte au feu ! Reposez-vous cinq minutes, les gars. Vous l'avez bien mérité. Pendant ce temps-là, je vais essayer de comprendre. Et de bidouiller les machins qui font marcher les trucs. Je vous demande juste une pause. Une petite pause. Un moratoire d'un an sur l'invention. Ce n'est quand même pas la mer à boire, non ? Sinon, je vous préviens, on va vers l'explosion. La mienne, en tout cas. Chaque matin, je me réveille en me disant : mon Dieu, qu'est-ce qu'ils ont encore inventé ? Qu'est-ce qu'il va encore falloir que je comprenne, que j'apprenne, sans que tout me saute à la figure ? Appuyez sur la touche pause, les gars. Arrêtez de bricoler. Juste un an. S'il vous plaît. Après, promis, vous inventerez tant que vous voudrez. De toute façon, on sera bien assez occupés avec la présidentielle et tout ce qui va suivre. On n'aura pas la tête à bidouiller vos bidouilles.

Je sais ce que vous allez me dire. Vous allez me dire qu'on n'arrête pas le progrès. Et qu'on ne peut pas empêcher les inventeurs d'inventer. Certes. J'en conviens. Mais il n'y a tout de même pas que le téléphone, l'ordinateur et la télé dans la vie. Il y a plein d'autres trucs à inventer. Des trucs utiles. Ce ne sont pas les inventions qui manquent. Tenez, juste un exemple : les huîtres. Je pose la question : pourquoi personne n'a-t-il encore été fichu d'inventer le truc à ouvrir les huîtres ? Sans effort, je veux dire. Sans se blesser. Et sans blesser les autres. Je sais, beaucoup ont essayé. Régulièrement, sur les marchés, on tombe sur un baratineur qui a inventé l'engin à ouvrir les huîtres. Quand il s'en sert devant vous, ça a l'air fastoche comme tout, l'huître s'ouvre quasiment toute seule. Bizarrement, une fois rentré chez vous, ça ne marche pas du tout, l'engin est tout juste bon à saccager la coquille de l'huître. Vous ressortez donc votre couteau à huîtres. Or, mesdames et messieurs, les familles françaises sont décimées par les couteaux à huîtres. Chaque année, pendant la période des fêtes, ce sont des flots de sang qui coulent sur le carrelage des cuisines. Ce sont des milliers de pouces, des milliers de mains qui sont l'objet des pires mutilations.

Curieusement, les statistiques du ministère de l'Intérieur sont muettes sur la question. On connaît le nombre exact de voitures brûlées la nuit de la Saint-Sylvestre. Mais sur l'insécurité due aux huîtres, motus et bouche cousue. C'est l'omerta ! Et pour cause : si les chiffres étaient connus, ce serait un traumatisme national. Voilà un vrai boulot pour les inventeurs : au lieu de bidouiller les mégabits, qu'ils inventent la fermeture Éclair à huîtres. Voyez, je ne demande pas la lune. Juste un petit truc pratique, qui rendra service à l'humanité tout entière. Vos téléphones ultraperformants, ils ouvrent les huîtres ? Non. Vous voyez bien. Alors oubliez-les une seconde. Et occupez-vous des choses vraiment importantes.

Après, j'ai un autre truc pour vous : les poissons sans arêtes. Les petites, celles qui font exprès de se cacher.

Ce roseau pansant, qui plie mais ne rompt pas

13 janvier 2007

Allons bon. Après les cintres et les couteaux à huîtres : les chaises pliantes. Bougez pas, je vous raconte. Quand j'arrive à la conférence de rédaction, l'autre jour, je vois que toutes les chaises sont prises. Je vais donc chercher une autre chaise. Une chaise pliante, que je porte d'une main. Dans l'autre, j'ai mon gobelet de café. Parce qu'après le thé du matin un petit café s'impose. Chacun ses habitudes. De la main gauche, donc, je déplie ma chaise. Et je m'apprête à m'asseoir dessus. En faisant bien attention de ne pas renverser mon café. Que je tiens dans la main droite. Et là, vous savez ce qui se passe ? Je me coince un doigt de la main gauche dans la chaise. À l'endroit précis où elle se plie et se déplie, voyez, là où sont les rivets. Je me le coince tellement bien que je n'arrive pas à le décoincer. Handicapé de la main droite par mon gobelet de café, je me retrouve coincé à mort. Complètement indécoinçable. Et ça me fait un mal de chien, vous n'avez pas idée. En plus, à moitié assis sur une chaise à moitié dépliée, j'ai l'air ridicule.

Or, le problème, c'est qu'on est filmés. Parfaitement. Une équipe vient de s'installer dans le journal, pour nous filmer pendant toute la campagne électorale. Et justement, c'est le premier jour de tournage. Comme par un fait exprès, le cameraman est juste à côté de moi. C'est vraiment pas le moment de faire mon cinéma. De hurler à la mort. De me rendre ridicule. Vous imaginez ça ? Un documentaire sur un journal prestigieux, entièrement mobilisé par une tâche exaltante, qui s'ouvre sur l'image d'un chroniqueur le doigt coincé dans une chaise pliante, un gobelet de café dans la main droite. Pour éviter de me faire remarquer, une seule solution : me décoincer le doigt. Je tire donc dessus d'un coup sec. Ça, pour être décoincé, il est décoincé. Sauf que, dans l'opération, je me suis joliment arraché la peau, sur le dessus et sur le dessous du doigt. Je me mets à saigner à mort. Vite, je sors mon mouchoir. Je m'enveloppe le doigt dedans. Et je le serre comme un malade. En un rien de temps, le mouchoir vire au rouge vif. Je rappelle que le cameraman est juste à côté de moi, filmant frénétiquement les uns et les autres. Sauf moi qui, comme les oiseaux, cache mon doigt pour mourir. Je n'hésite pas à le dire (de toute façon, si je ne le dis pas, personne ne le dira) : j'ai été héroïque. Là, à l'heure où je vous parle, ça va. J'ai un chouette pansement qui me donne un genre. On me demande ce qui m'est arrivé. Ça me permet de crâner. Il faut bien des petites compensations, dans la vie pleine de risques des journalistes. Cela dit, les chaises pliantes ont intérêt à faire gaffe. La première qui m'agresse, j'aime autant vous dire que ça va barder pour son matricule. Il ne sera pas dit que les chaises pliantes continueront impunément à décimer la fine fleur du journalisme français. Les chaises pliantes ne me feront pas plier.

Maintenant, si vous le voulez bien, revenons deux secondes sur les huîtres. Et les méfaits des couteaux à huîtres. Des lecteurs, désireux de faire avancer le schmilblick, me confient leurs combines pour ouvrir les huîtres sans couteau. Et donc sans risques. Je précise, à toutes fins utiles, que ces idées n'engagent que leurs auteurs, comme on dit dans les pages Forum de *Marianne*. Manquerait plus qu'on me rende responsable, en cas de malheur. Un doigt massacré par une chaise pliante, ça suffit pour cette semaine.

Le premier lecteur est une lectrice des Deux-Sèvres. Voici ce qu'elle propose (et qu'elle a pioché, me dit-elle, dans l'édition canadienne d'un magazine français...) : « On met les huîtres dans le congélateur jusqu'à ce que l'eau, transformée en glace, soulève le couvercle. Simplissime ! » Honnête, elle précise : « Je n'ai jamais essayé, mon mari, armé de son petit couteau, s'acquittant très bien de la tâche. » Façon subtile de suggérer que son mari, lui, sait se servir d'un couteau à huîtres. Pas comme certain chroniqueur, qui trouve le moyen de se coincer le doigt dans une chaise pliante. Bref. Les huîtres congelées, personnellement, j'ai comme un doute. Surtout s'il faut attendre qu'elles décongèlent.

La deuxième suggestion est nettement plus décoiffante. Elle émane d'un lecteur du Morbihan, qui m'assure que « le problème crucial de l'ouverture des huîtres a été résolu il y a une quarantaine d'années, à Vannes, par l'entremise de son évêque, Mgr Le Bellec ». Par quel miracle, vous demandez-vous ? Lisez plutôt : « Ce prélat, dès qu'il montait en chaire, pérorait d'une voix inaudible pendant une demi-heure. Un paroissien très observateur n'avait pas tardé à constater que les fidèles bâillaient à se décrocher la mâchoire au bout de dix minutes. L'idée lui vint de tester le comportement des huîtres de son repas dominical, à l'écoute du bon pasteur. Miracle ! Les mollusques se mirent à bâiller à leur tour dans son panier à provisions. La nouvelle se répandit dans la ville comme une traînée de poudre. Après un passage obligé au marché, les paroissiens de Vannes et des environs se pressaient à la cathédrale. Le miracle se renouvelant immanquablement, il ne restait plus qu'à sortir le muscadet du frigo. » Je laisse à ce lecteur l'entière responsabilité de ses propos, n'ayant personnellement jamais testé l'efficacité de la parole de Mgr Le Bellec sur mes huîtres à moi. Mais, enfin, il ne manque pas, par les temps qui courent, d'orateurs soporifiques, à l'Assemblée nationale, à l'université, à la télé, à la radio, où vous voulez. Je ne saurais trop vous inciter à vous balader à droite et à gauche pour dénicher la perle rare. L'heureux élu sera sans doute surpris, lors de ses prochaines prestations, de voir autant de gens se presser pour recueillir son auguste parole. Et se demandera pourquoi diable tout le monde a un panier au bras.

Je compte sur vous pour me tenir au courant.

Sauvons la dynamo !

10 février 2007

Tout le monde le sait (ou devrait le savoir, depuis le temps) : la pile Wonder ne s'use que si l'on s'en sert. D'un autre côté, elle ne sert que si l'on en use. Autant dire que, si l'on ne s'en sert pas, elle ne sert à rien. La Palice aurait pu le dire. Certes. Mais osons poser une bonne fois pour toutes la question : à quoi servent les piles ? Je vais vous le dire : à remplacer les dynamos. Les dynamos des vélos. C'est une lectrice d'Anlezy, dans la Nièvre, qui lève le lièvre en posant cette question (qu'elle qualifie elle-même de « cruciale ») : « Pourquoi les vélos n'ont-ils plus de dynamo ? » Mais elle ne se contente pas de poser la question. Elle livre son témoignage. Le voici, brut de décoffrage : « On ne trouve plus que des phares à piles, comme pour les lampes torches. C'est encore une invention pour les gens qui ne font pas de vélo ou qui ne sortent qu'un week-end par an au mois de juillet ! Les piles, qui ne sont pas les mêmes à l'avant et à l'arrière, durent environ quatre heures, c'est-à-dire deux jours, à cette époque de l'année où il fait nuit au sortir du travail. Et maintenant, imaginez le tableau : panne d'éclairage en pleine campagne. Donc plus de lumière pour chercher les piles de rechange dans la sacoche, trouver le tournevis, dévisser la petite vis, surtout ne pas la perdre, la coincer entre les dents, enlever les piles usagées, repérer avec les doigts le sens pour mettre les neuves, déchirer le blister des piles neuves en espérant qu'il ne faudra pas des ciseaux, les remettre, refermer le tout, revisser et refixer le phare sur le vélo. Ouf! Quel sport!»

Ma correspondante n'a pas de chance. Il se trouve que mon vélo antédiluvien, du genre hollandais, a, lui, une dynamo. Et que, sauf usure de l'ampoule (car l'ampoule, elle aussi, s'use si l'on s'en sert), j'ai de la lumière quand je pédale. Et non seulement j'ai de la lumière, mais plus je pédale vite, plus j'ai de la lumière (à l'inverse du vieil adage qui berça mon enfance: «Plus tu pédales moins vite, moins t'avances davantage»). Disons-le tout net: la dynamo est une pure merveille de technologie. La satisfaction du cycliste qui, au rythme de son coup de pédale, fait la lumière sur la situation compense largement le léger ralentissement provoqué par le frottement de la dynamo sur la roue (car tel est le principe, je le rappelle à l'intention des ignares en dynamologie). Fabriquer de l'électricité à la force de ses mollets est une expérience tout simplement exaltante. D'autant plus que non seulement on produit de l'électricité, mais en plus on avance. C'est dingue.

En vérité, la dynamo du vélo est le prototype, la matrice de l'écologie moderne. Voyez les éoliennes: le vent fait tourner les pales qui font de l'électricité. On pourrait très bien imaginer des centrales électriques alimentées par une palanquée de cyclistes pédalant comme des malades sur des vélos d'appartement. Ce serait à la fois productif, sportif et écologique. Bon, d'accord, ça ne suffirait peut-être pas pour alimenter la France entière. Mais un bureau de *Marianne*, si. Le mien, par exemple.

Tout ça pour dire que cette merveille d'astuce, d'inventivité, de bon sens et d'économie est en train de disparaître. Car, si mon vélo à moi a une dynamo, ce n'est hélas pas le cas des vélos modernes, tel celui de ma correspondante, ainsi qu'une rapide enquête auprès d'un échantillon représentatif de deux personnes m'en a rapidement convaincu. Soyons clairs : la dynamo s'en va, la dynamo se meurt. Et les phares à piles jettent les pelletées de terre sur son tombeau. Revenons donc à la question (« cruciale » ô combien) du début : « Pourquoi les vélos n'ont-ils plus de dynamo ? »

Je crains, chère lectrice, que la réponse ne tombe sous le sens : parce que la dynamo, c'est gratuit, alors que les piles, c'est payant. C'était trop beau, une énergie gratuite, inépuisable, renouvelable à volonté (sauf crampe) ! Les piles, elles, ont un avantage déterminant : elles s'usent. Et comme elles s'usent, il faut les remplacer. Par ici la monnaie. Ainsi, mesdames et messieurs, proposerons-nous de récrire l'antique adage : « La pile Wonder s'use et c'est à cela qu'elle sert » (et pas seulement la pile Wonder, bien entendu). L'assassinat de la dynamo par les marchands de piles est le dernier épisode en date du combat titanesque entre deux visions du monde et de la société. Combat perdu, hélas, au profit du libéralisme le plus débridé. Et cela au moment même où la France entière, l'ensemble de la classe politique, la quasi-totalité des candidats à la présidentielle s'agenouillent devant Nicolas Hulot pour signer son pacte écologique ! Alors qu'il n'existe rien de plus écologique, dans son principe et dans son fonctionnement, que la dynamo. Belle hypocrisie !

Aussi prends-je cet engagement, urbi et orbi : je ne signerai le pacte écologique de Nicolas Hulot que lorsqu'y seront inscrits, noir sur blanc, le rétablissement et la généralisation de la dynamo. D'ailleurs, le vélo de M. Hulot, celui des *Vacances de M. Hulot*, il avait une dynamo, non ? Gloire à la dynamo ! Honneur à la dynamo ! Les phares à piles ne passeront pas ! Dérisoire croisade, me direz-vous. Que nenni, vous dirai-je. Si l'on n'y prend garde, les piles auront notre peau. Il y en a partout. Des piles à l'ancienne. Et des piles ultramodernes. Des piles façon puce. Nous sommes cernés par les piles. Suivis, espionnés par les piles. Gouvernés par les piles. À la merci des piles. Qui polluent à mort, en plus. La croisade pour la dynamo est le premier acte de résistance à la tyrannie des piles. *No pasaran !*

Quant à Ségolène Royal, qui veut relancer, paraît-il, la dynamique de sa campagne, qu'elle se le tienne pour dit : la dynamique, d'accord. Mais la dynamo d'abord !

Et les deux finalistes sont…

14 avril 2007

Mesdames et messieurs, bonsoir. Dans trente secondes, il sera 20 heures et vous verrez apparaître les visages des deux candidats arrivés en tête au premier tour, qui se retrouveront face à face le 6 mai. Attention : 5, 4, 3, 2, 1… Gérard Schivardi et Frédéric Nihous sont les deux finalistes de l'élection présidentielle ! C'est une énorme surprise, personne ne s'y attendait, aucun institut de sondage ne l'avait pronostiqué ! Vous découvrez les chiffres en même temps que moi : Gérard Schivardi 22 %, Frédéric Nihous 21,5 %. Loin derrière arrivent Ségolène Royal et Nicolas Sarkozy dans une parfaite égalité : 15 % l'un et l'autre. Puis François Bayrou 12 %, Jean-Marie Le Pen 11 %. Et, enfin, tout en bas, Olivier Besancenot 5 %, Marie-Georges Buffet 2,5 %, Arlette Laguiller 1,5 %, Dominique Voynet 1 %, José Bové 0,5 % et Philippe de Villiers 0,0001 %. Tout au long de cette soirée, nous allons tenter de comprendre les raisons de ce véritable tremblement de terre, d'en mesurer l'ampleur, d'en évaluer les conséquences. Mais, d'abord, place aux réactions des deux vainqueurs inattendus de ce premier tour.

On me dit que nous avons en ligne Frédéric Nihous, directement sur son portable. Allô, monsieur Nihous ? Vous êtes en direct sur… – Hein ? Quoi ? Chut ! Vous allez me faire manquer une touche ! – Euh… Désolé, monsieur Nihous, mais vous êtes arrivé deuxième avec 21,5 % des voix et... – Si c'est pour me raconter des conneries que vous dérangez la ruralité, franchement je ne vous félicite pas. Je suis en train de pêcher, j'ai autre chose à faire que de vous écouter, alors, s'il vous plaît, laissez-moi tranquille... – Mais je vous assure, monsieur Nihous, les chiffres sont formels, ce n'est pas un poisson d'avril ! – C'est ça, c'est ça... Zut, j'ai loupé mon coup ! Tout ça par votre faute ! La ruralité ne vous remercie pas, monsieur ! Au revoir ! – Je... Eh bien, nous essaierons une nouvelle fois de joindre Frédéric Nihous... En attendant, voici Gérard Schivardi qui pénètre dans le studio, laissons-lui le temps de s'installer, voilà... Alors, monsieur Schivardi, votre première réaction ? – Euh... Vous êtes sûrs de votre coup, là ? – Tout à fait, absolument, vous êtes en tête du premier tour, vous êtes en situation de devenir le prochain président de la République ! – Attendez, je ne joue plus, moi ! Pouce ! Président de la République ! N'importe quoi ! Pourquoi pas pape, tant qu'on y est ? Bon, je me suis bien amusé, j'ai eu toutes les télés, toutes les radios, j'ai pu raconter tout ce que je voulais, mais président de la République, vous plaisantez ! Je démissionne, moi ! J'abandonne la course ! Je donne tous mes pouvoirs à l'autre, là, Frédéric Nihous ! – Mais il est à la pêche... – Il a bien raison, tiens ! Je vais faire la même chose ! Allez, bien le bonjour chez vous, je rentre chez moi ! – Mais vous ne pouvez pas partir comme ça, monsieur Schivardi ! Je vous rappelle que vous avez... Eh bien, ça y est, il est parti... Bon. Bien. Très bien.

Nous avons sur le plateau Jean-Marie Jesaistout, directeur de l'institut de sondage Ipsop. Monsieur Jesaistout, bonsoir ! – Bonsoir ! – Comment expliquez-vous ce résultat en contradiction totale avec tout ce que vous annoncez depuis des mois ? N'est-ce pas une fois de plus la faillite des sondages, sauf qu'il s'agit cette fois d'une erreur monumentale, je dirais même historique ? – Pas du tout ! Je m'inscris en faux contre vos allégations ! Nous avions parfaitement prédit ce scénario ! – Mais, enfin, monsieur Jesaistout, vous n'avez jamais placé MM. Schivardi et Nihous en tête de la course ! – Je me permets de vous rappeler que, jusqu'au bout, nous avons mesuré le taux d'indécis à 43 %. Eh bien, ne cherchez pas : ce sont eux qui se sont finalement décidés pour MM. Schivardi et Nihous. Je vous rappelle les chiffres : 22 % plus 21,5 %. Soit, à quelques décimales près, le pourcentage d'indécis. Les sondages avaient raison. Les sondages ne se trompent jamais. – Excusez-moi de vous interrompre, on nous annonce une intervention de Nicolas Sarkozy, en direct de son QG de campagne, rue d'Enghien. Monsieur Sarkozy, vous avez la parole ! – Françaises, Français, chers compatriotes ! Vous aviez vocation à vous prononcer pour l'élection présidentielle et vous l'avez fait. En ce qui me concerne, je suis parfaitement calme et serein, je viens tout juste de casser la gueule à ce connard d'Azouz Begag, ça m'a permis de me passer les nerfs, en attendant de faire leur fête à ces connards de sondeurs et de journalistes qui n'avaient pas vocation à me mener en bateau, je vous garantis qu'il va y avoir du sang sur les murs, dans le calme et la sérénité. Vive la République ! Vive Neuilly !

– Merci, monsieur Sarkozy. J'en profite pour saluer l'arrivée de Jean-Marie Le Pen. Une première réaction, monsieur Le Pen ? – Schivardi ! Un Italien ! Un immigré ! Un trotskiste ! Aaargh ! Au secours ! Au feu ! Aux armes ! À Bagdad ! – Buvez un verre d'eau, monsieur Le Pen, ça va passer. Mais voici que Ségolène Royal et François Bayrou font à leur tour une déclaration, le seul problème c'est qu'ils la font en même temps, mais place au direct, je vous laisse écouter ! – (Inaudible) – Apparemment nous avons un petit problème technique, nous reviendrons dans quelques instants à Mme Royal et M. Bayrou…

Mais on me communique à l'instant une précision qui… Une précision que… J'aimerais être sûr d'avoir bien compris… On me parle dans l'oreillette, ne quittez pas… Oui… Ah bon ? Vous êtes sûrs ? Vraiment sûrs ? Eh bien, mesdames et messieurs, voici ce que je viens d'apprendre : une gigantesque panne informatique a mélangé tous les sondages « sortie des urnes » et les premiers résultats. Tout ce que je vous ai annoncé est complètement faux, à l'heure où je vous parle tout ce qu'on sait c'est qu'on ne sait rien. Et, maintenant, qu'est-ce qu'on fait ? Non, c'est pas à vous que je parle, c'est à la régie. On attend la fin de la panne ? Bon, d'accord, on attend. Ne quittez surtout pas !

Et n'oubliez pas : tant qu'on ne sait rien, tout est possible. Profitez-en !

La première victime de Sarko

9 mai 2007

Je n'aurais jamais dû aller voir ce film. Voilà ce que je me dis, assis à mon bureau à 16 h 30 ce dimanche. Je l'ai vu hier soir. Un film qui s'appelle *Très bien, merci* (pas bien du tout et pas merci du tout, en fait). L'histoire, c'est Gilbert Melki, comptable de son état, qui, rentrant de son boulot, un soir, s'arrête pour regarder trois policiers interpellant deux jeunes gens. Les deux jeunes gens n'ont rien fait. Enfin, si : ils sont jeunes, voilà ce qu'ils ont fait. Papiers ! Mains sur la tête ! Fouille au corps ! Melki s'approche pour mieux voir. Il n'en croit pas ses yeux. Évidemment, il se fait remarquer. Qu'est-ce que tu regardes ? Dégage ! Au lieu de dégager, Melki demande poliment pourquoi on le tutoie. Et continue de regarder. Évidemment, il se fait embarquer. C'est le début d'un cauchemar. Et moi, sortant du film, qu'est-ce que je me dis ? Voilà, c'est le cauchemar qui commence. Le cauchemar Sarkozy. Putain, cinq ans ! Je vous rappelle que j'écris ce dimanche après-midi, 6 mai, sans connaître encore les résultats. Mais comme on n'arrête pas de nous dire que les carottes sont cuites…

En fait, la direction m'a donné le feu vert pour opérer en direct live. Soit jusqu'à 20 heures et des poussières. La direction (bénie soit-elle !) est drôlement sympa. Sauf que, sans vouloir critiquer, c'est un cadeau empoisonné. Vu qu'il n'y a pas le moindre suspense, je sais que le visage que je vais voir apparaître à 20 heures sera celui de Sarkozy. Et ça ne me fait pas rire du tout, comme disait la reine Élisabeth. Attendre jusqu'à 20 heures le nom d'un vainqueur que tout le monde connaît déjà, j'ai connu plus excitant, comme exercice.

Cinq ans de Sarkozy ! Vous imaginez ça ? À quoi ça ressemble, une Sarkovie dans le Sarkoland ? Une Ségovie, au moins, je sais ce que c'est : une ville espagnole. Ah ah. Ne faites pas attention, je raconte n'importe quoi, c'est pour évacuer la tension, comme disent les sportifs. Depuis des jours, je vois des amis qui font de l'hypertension, de la tachycardie, des grosses migraines. Ils somatisent à mort. Dans quel état ils vont être ce soir, j'aime mieux pas y penser. Je n'arrive déjà pas à imaginer mon état à moi. J'ai passé la journée à essayer de ne pas trop m'énerver. J'ai fait la queue pour aller voter, ça m'a occupé. J'ai regardé la télé pour voir voter Sarko et Ségo, ça m'a occupé. J'ai écouté la radio pour connaître la participation, ça m'a occupé. Je me suis promené au bord du canal quasiment au pas de course, pour évacuer l'évacuation de la tension, ça m'a drôlement occupé. Et voilà. Je suis à mon bureau. J'attends les sondages « sortie des urnes ». Pour continuer à m'occuper, j'essaie d'imaginer la France d'après.

« Liquider l'esprit de Mai 1968, une bonne fois pour toutes. » C'est tout de même ce qu'il a dit, Sarkozy. Hou là ! Comment on fait pour liquider l'esprit de Mai 1968 une bonne fois pour toutes sans liquider une bonne fois pour toutes ceux qui se réclament de l'esprit de Mai 1968 ? Vous comprendrez que je ne me sente qu'à moitié tranquille. Ils ouvrent quand, les camps de liquidation ? Voilà dans quel état je suis : l'état liquide. Je devrais peut-être écrire une lettre de rétractation solennelle, avant qu'il ne soit trop tard. Une abjuration en bonne et due forme, façon Éric Besson. Je n'ai pas du tout vocation à me faire liquider, surtout une bonne fois pour toutes. Un peu, d'accord. Mais une bonne fois pour toutes, il ne reste plus rien après, ni liquide ni solide. Tant pis. J'assume mon passé criminel. J'assume ma responsabilité dans tout ce qui va mal depuis trente-neuf ans. Qu'on me liquide ! Ah, excusez-moi, un collègue de *Marianne* (à l'heure qu'il est, les bureaux commencent à se remplir, tout à l'heure j'étais quasiment tout seul) vient de me dire que Sarkozy serait à 54, puis à 53. Ah, excusez-moi, c'est le téléphone. Oui, oui... Ah bon ? D'après les Suisses, Sarko serait à 52. Attendez, bougez pas, je vais aller faire un petit tour dans le journal, histoire de sentir la température. (...)

Voilà, je suis de retour. Vous savez ce que je viens d'apprendre ? Ginette est morte. Ginette, la souris du journal qui circulait d'un bureau à l'autre. Eh bien voilà. Un collègue vient de la trouver à côté de son placard. Raide morte. Une souris soixante-huitarde, si ça se trouve. Liquidée. Première victime du sarkozysme. L'autre info, c'est que Sarko serait remonté à 54. Aïe aïe aïe. Vous savez ce qui serait drôle ? C'est que les Français votent à gauche aux législatives. Lui qui se rêve président depuis dix ans en se rasant, en prenant sa douche, en se rinçant les cheveux, en se nettoyant les oreilles, en se coupant les ongles, hop, à peine élu, il se retrouve sans aucun pouvoir. Sans rien d'autre à faire que de nourrir les canards de l'Élysée. Ce serait rigolo, non ? Allez, faut bien rêver un peu. Déjà que je ne peux plus rêver de voir Ségolène à 20 heures... J'allais oublier Jaurès. Grâce à Sarkozy, on va avoir du Jaurès matin, midi et soir. Jaurès pour inaugurer le TGV-Est. Jaurès pour le 14 Juillet. Jaurès pour les vœux. Jaurès au plateau des Glières. Jaurès au Salon de l'agriculture. Jaurès au Tour de France. Jaurès tout le temps, Jaurès partout. La gauche, du coup, va se mettre à célébrer Maurras. Ou Bigard.

Bon, j'arrête de rigoler. Je suis retourné faire un tour dans la rédaction. Il y a plein de monde, maintenant, ça s'active de partout. Et voici que tombent les sondages « sortie des urnes », les vrais : Sarko à 53,5.

Vous savez quoi ? Je crois que je ne vais même pas attendre 20 heures, la tête de Sarko. Les hurlements de joie de ses supporters. C'est au-dessus de mes forces. Je vais rendre ma copie en avance. Et je vais aller enterrer Ginette.

La télé de papa

23 juin 2007

Ils m'avaient donné rendez-vous devant l'immeuble high-tech de France Télévisions, dans le XVe arrondissement. « On tournera dehors, m'avait dit le producteur-réalisateur. Ce sera plus sympa. » J'avais objecté que la météo annonçait de la pluie sur Paris. Et que je ne tenais pas plus que ça à attraper un rhume. « Mais non, m'avait répondu le producteur-réalisateur. Il fait beau, le ciel est bleu, on tournera dans le jardin à côté. » Très bien. D'accord. Mais j'ai tout de même emporté mon parapluie. L'idée, c'était de m'interviewer sur Roger Gicquel, dans le cadre d'un grand portrait de Roger Gicquel. Je rappelle aux jeunes gens et jeunes filles nés après Giscard que Roger Gicquel présentait le « 20 heures » de TF1 dans les années 1970. Et qu'il était une immense star. « La France a peur », ça vous dit peut-être quelque chose ? Gicquel plantait ses yeux de cocker triste dans ceux de la France profonde, tirant la morale de chaque info, moitié curé, moitié maître d'école. Un jour, il en a eu marre du rôle qu'on lui faisait jouer. Marre d'être une star, marre d'être un homme-tronc. Il a dit salut, la compagnie, et il est reparti chez lui, en Bretagne, pour faire des émissions de découverte des gens, des paysages, à la bonne franquette. Il est devenu un sage. Et même un poète. Excusez-moi pour ce petit rappel historique. Mais c'était pour planter le décor.

Quand je suis arrivé, effectivement, il faisait beau. Grand beau, même. L'équipe (qui travaillait pour France 3 Ouest) s'est présentée : le producteur-réalisateur, le cameraman, la preneuse de son, l'éclairagiste. Tout ce monde-là rien que pour moi. J'étais flatté. « Bon, on va aller dans le jardin, là-bas », a dit le producteur-réalisateur. C'était le parc André-Citroën, au bord de la Seine. Pas la porte à côté, tout de même. Toute l'équipe s'est mise en route sous le soleil, en trimballant le barda. Moi, ça allait, je n'avais que mon parapluie, ce n'était pas trop lourd. Sauf que j'avais l'air ridicule avec mon parapluie, sous le grand soleil. On est arrivés dans le jardin. Le producteur-réalisateur a cherché un coin sympa pour installer la caméra. À ce moment-là, la preneuse de son a dit : « Ouh là, il y a plein de jets d'eau, ça fait du bruit, ça va pas être possible. » On est donc partis tout au fond du jardin, loin des jets d'eau. On a trouvé un autre coin sympa. À ce moment-là, un RER est passé, juste à côté, faisant un bruit d'enfer. « Ouh là, a dit la preneuse de son, ça va pas être possible. » On est donc repartis encore plus loin, eux avec tout le barda, moi avec mon parapluie. On a trouvé un autre coin sympa. Pas de jets d'eau, pas de RER. Impeccable.

Le cameraman a installé la caméra. La preneuse de son a tendu son gros micro au bout d'une perche. L'éclairagiste a éclairé. Le producteur-réalisateur s'est assis sur une caisse. Et m'a posé sa première question. À ce moment précis, il s'est mis à pleuvoir. « Ah, je leur ai dit, la météo avait annoncé de la pluie ! » Les techniciens, en vrais Bretons, ont étudié le ciel, les nuages, le sens du vent, pour voir si ça allait durer longtemps. Ils ont remballé la caméra, le micro et tout le barda. Ils se sont abrités comme ils ont pu. Moi, j'ai ouvert mon parapluie (hé hé). Finalement, au bout d'un certain temps, la pluie s'est arrêtée. Ils ont tout redéballé. Le producteur-réalisateur m'a reposé sa première question.

À ce moment précis, on a entendu un boucan d'enfer. On a levé la tête : un hélicoptère. En fait, le parc Citroën, c'est juste à côté de l'héliport. C'est plein d'hélicoptères. « Ouh là, a dit la preneuse de son, ça va pas être facile. – Tant pis, a dit le producteur-réalisateur. On coupera au montage. » Et il a reposé sa première question. Pendant un certain temps, tout s'est très bien passé. Bon, il s'est remis à pleuvoir. Mais pas trop. Le Breton ne craint pas un petit grain. Bon, les hélicoptères ont continué leur ronde dans le ciel. Mais, entre deux hélicoptères, on arrivait tout de même à se parler. Et à s'entendre. Je me demandais si je n'allais pas attraper un mélange de rhume et d'insolation, entre la pluie qui tombait de temps en temps et le soleil qui me cognait sur le front le reste du temps. Mais pour parler de Roger Gicquel, j'étais prêt à tout.

Puis j'ai vu arriver, derrière l'équipe, qui, elle, ne voyait rien, une palanquée d'uniformes. Je me suis dit que les ennuis s'annonçaient. Les uniformes se sont arrêtés, en tripotant leur carnet à souches et leur stylo. Après avoir répondu à une énième question, j'ai dit : « J'ai l'impression qu'on va devoir s'arrêter. Il y a là des gens qui ont visiblement des choses à nous dire… » Toute l'équipe s'est retournée. La chef des uniformes (car le chef était une femme) a demandé d'un air sévère : « Je peux voir votre autorisation de tournage ? » Le producteur-réalisateur a fait l'innocent : « Comment ça ? Quelle autorisation ? » La chef a levé les yeux au ciel. « Ne me dites pas que vous ne savez pas qu'il faut une autorisation pour tourner dans les lieux publics, notamment dans les jardins ! » Et elle a commencé à écrire sur son carnet à souches, en posant plein de questions : Vous êtes qui ? Vous faites quoi ? Adresse professionnelle ? Numéro de téléphone ? En fait, ça s'est plutôt bien terminé. La chef nous a laissés finir le tournage. C'est fou ce que ça l'a impressionnée, le nom de Roger Gicquel.

Vous voulez que je vous dise ? J'ai adoré cet après-midi au jardin. J'avais l'impression d'être dans un film de Jacques Tati. À l'heure du tout-numérique, des effets spéciaux, de la grosse cavalerie, du tape-à-l'œil et de l'attrape-gogo, on faisait de la télé à la Roger Gicquel. De la télé de papa. Tranquille, peinarde. De l'artisanat 100 % pur beurre, moulé à la louche. Pas de trucages, zéro esbroufe ! Juste les jets d'eau, le RER, la pluie, les hélicoptères. Et le carnet à souches des uniformes. Un suspense d'enfer.

P.S. : Et qu'on redonne vite son autorisation de tournage à « Arrêts sur images », sacrebleu !

Mais bien sûr, monsieur le président…

21 juillet 2007

Il est tôt. Forcément très tôt. Le réveil sonne. Dans son pyjama siglé N.S., il se réveille d'un seul coup. Assis dans son lit, il se frappe le front. « Cécilia, réveille-toi ! Tu sais quoi ? Je suis président de la République ! » Une voix ensommeillée : « Mmm ? Mais je le sais, que tu es président ! Ça fait près de trois mois, que tu es président ! – Non, mais je te jure, c'est vrai ! Je suis vraiment président ! Je n'en reviens toujours pas ! Attends, je vais appeler ma mère. » Il tapote son portable. « Allô, maman ? Tu sais quoi ? Je suis président de la République ! – Tu sais l'heure qu'il est ? Et c'est pour me dire ça que tu me réveilles ? Bonne nuit ! » Il regarde son portable, un peu décontenancé. « Bon, j'appelle Guéant. » Il tapote son portable. « Allô, Claude ? Déjà réveillé ? – Mais bien sûr, monsieur le président. Évidemment, monsieur le président. – Pas avant moi, quand même ? – Bien sûr que non, monsieur le président. Personne ne se lève avant vous, monsieur le président. » Il se tourne vers Cécilia : « Tu entends ? Il m'appelle monsieur le président ! Je suis président de la République ! Waouh ! » Il reprend son portable : « Merci, Claude. Bon, je me rase et on se rappelle ! » En deux petites foulées de jogging-pyjama, il est dans la salle de bains. Il branche son rasoir électrique. « À quoi je vais penser, maintenant, en me rasant ? Hein, à quoi ? Eh bien, je vais te dire :

à être président de chez président ! Un président que plus président tu meurs ! Nom d'un chien, le pied ! Waouh ! »

Il se rase. Il prend sa douche. Il enfile une chemise siglée N.S. Il tapote son portable. « Allô, Claude ? Toujours réveillé ? Bon, c'est quoi, le film au programme, aujourd'hui ? Où est-ce que je vais me montrer ? Où est-ce qu'on va me voir ? Où est-ce qu'on va m'entendre ? – Eh bien, aujourd'hui, monsieur le président… – Fais-moi plaisir ! Redis-le encore ! – Redire quoi, monsieur le président ? – Rien. Ça y est, tu l'as dit. Waouh ! Donc, aujourd'hui, qu'est-ce qu'on a, comme on dit dans "Urgences" ? – Aujourd'hui, monsieur le président, c'est Tour de France. – Super ! Génial ! On va me voir partout ! On ne va voir que moi ! Je vais la jouer lunettes de soleil, cheveux au vent, debout dans la décapotable, ça va déchirer un max ! Et puis ça me permettra de rappeler qu'il n'y a pas que le jogging, dans la vie. Il y a aussi le vélo. Mais pour ça, je fais confiance aux journalistes, ils le rappelleront eux-mêmes. J'adore les journalistes ! Waouh ! Au fait, Claude, à propos de journalistes, je crois que j'ai une idée qu'elle est terrible, comme dirait Johnny. – Laquelle, monsieur le président ? – L'ouverture ! Ça marche du feu de Dieu, l'ouverture, non ? Pulvérisé, le PS ! Vitrifié ! Dispersé façon puzzle ! La véritable opposition, c'est moi ! Je suis obligé de tout faire, dans ce pays ! Mais il faut continuer ! Donc, j'ai eu une idée. Je vais dire que j'ai proposé un poste à Jean-François Kahn. – Mais il ne voudra jamais ! – Je sais bien, qu'il ne voudra jamais ! Je n'ai pas dit que j'allais lui proposer. J'ai dit que j'allais dire que je lui ai proposé. Tu saisis la nuance ? – Parfaitement, monsieur le président. Très habile, si je puis me permettre. – Mais oui, Claude, tu peux te permettre ! Très habile ! Tout le monde croira que je l'ai vraiment appelé ! Et lui, il va s'emberlificoter dans les démentis, il aura forcément le mauvais rôle ! Alors que moi, waouh ! – Waouh, monsieur le président. Et n'oubliez pas le Tour de France. – Je n'oublie rien, Claude. Je suis le président. J'ai même pensé à ce que j'allais dire avant, pendant et après l'étape. Comme le 14 Juillet. J'avais dit que je ne dirais rien, pour bien montrer que c'était fini, les interviews à la papa façon Chirac. Et je n'ai pas arrêté de parler. Aucun président n'a jamais autant parlé que moi un 14 Juillet ! Habile, non ? – Très habile, monsieur le président. – Donc j'ai pensé à une formule très peuple, très pique-nique sur le bord des routes, limite Front populaire, genre "les petits bonheurs de nos compatriotes", qu'est-ce que tu en dis ? – Très habile, monsieur le président. Épatant. Très peuple, si je puis me permettre. – Merci, Claude. Bon, je te laisse, il faut que j'appelle Christine Lagarde. »

Il tapote son portable. « Allô, Christine ? – Bonjour, monsieur le président. Oui, je suis déjà réveillée. Oui, je me suis levée tôt. – Parfait, Christine. Parfait. Je voulais juste vous féliciter pour ce que vous avez dit, l'autre jour. Vous avez dit qu'il fallait réhabiliter l'argent. Comme c'est vrai ! Comme c'est juste ! En plein dans le mille, Christine ! Y en a marre, de tous ces fainéants qui disent du mal de l'argent, tout simplement parce qu'ils sont trop nuls pour avoir de l'argent. Nous, au moins, on aime l'argent ! Et on le prouve ! Il faut donner de l'argent à ceux qui se lèvent tôt ! Vous vous êtes levée tôt, ce matin, Christine ? – Oui, monsieur le président. Je vous l'ai déjà dit. Très tôt. – Bravo, Christine. J'ai bien aimé aussi quand vous avez dit qu'il fallait cesser de penser. Je suis 100 % d'accord avec vous ! On pense beaucoup trop ! Alors que les choses sont simples, pas la peine de chercher midi à 14 heures : plus ceux qui gagnent de l'argent gagnent de l'argent, mieux c'est mieux pour tout le monde. J'ai pas raison ? – Si, monsieur le président. Vous avez raison. – Merci, Christine. On est vraiment faits pour s'entendre, tous les deux. L'argent va à l'argent, point barre. Bon, je vous laisse, j'ai rendez-vous avec le…

Zut, comment ça s'appelle, déjà ? Vous savez, celui qui est assis à côté de moi pendant le Conseil des ministres ? – Le Premier ministre, monsieur le président. – Ah, oui, où avais-je la tête ? Allez, bonnes vacances ! Reposez-vous plus pour gagner plus, ah, ah ! – Ah, ah, monsieur le président. »

Il sort en fredonnant une vieille chanson de Félix Leclerc : « C'était un p'tit bonheur… »

Après tout, on est en Bretagne…
28 juillet 2007

En été, au moment, crucial entre tous, d'entrer dans un restaurant, les estivants se retrouvent inexorablement face à une question existentielle : dehors ou dedans ? Allez quoi, dit Madame, c'est l'été, on ne va tout de même pas s'enfermer dans une arrière-salle glauque et poussiéreuse pour manger nos crabes et nos bigorneaux alors qu'on pourrait être tranquillement assis dehors à profiter du soleil. En plus, c'est typiquement le genre de restaurant à être branché sur Chérie FM ou Nostalgie, à nous bassiner pendant tout le repas avec Céline Dion ou Frank Alamo, au secours ! Monsieur n'est pas d'accord. Dehors, je te signale, on va avoir le boucan des voitures, les pots d'échappement des scooters et des mobylettes, on va se taper des coups de soleil d'enfer dans des odeurs de crème solaire, merci bien. Sans compter qu'en terrasse les serveurs mettent des plombes à venir prendre ta commande et autant à te servir. Au beau milieu de la discussion arrive un serveur : alors, dehors ou dedans ?

C'est triste à dire, mais ce qui sauve les couples, finalement, c'est quand il pleut. Là, au moins, ni discussion ni querelle : ce sera dedans. Tout le monde se retrouve avec tout le monde. Et tout le monde fait la gueule. Autour des tables, c'est plein de petites flaques d'eau, ça dégouline des parapluies et des cirés, l'ambiance est sinistre. Tu parles de vacances, dit Madame. Tu parles d'un été pourri, dit Monsieur. Arrive le serveur : au fait, désolé, mais on n'a plus de plat du jour. Et voilà, ça continue, dit Monsieur, qui fantasmait sur la choucroute de la mer. J'en étais sûre, dit Madame. Je vous laisse le temps de choisir, dit le serveur, qui s'éclipse aussitôt. C'est ça, dit Monsieur. C'est ça, dit Madame.

Sinon, il y a une variante. Il fait beau. Mais il n'est pas exclu qu'il pleuve. Après tout, on est en Bretagne. Alors, dehors ou dedans ? Dehors, décide la vox populi. C'est-à-dire nous, l'autre jour. Ça fait un petit moment qu'il s'est arrêté de pleuvoir. Le ciel est bleu. La mer est bleue. On voit la vie en bleu. On s'installe donc en terrasse, sous des espèces de grands parasols façon stores à manivelle qui ne sont ouverts qu'à moitié. Un peu d'ombre pour ceux qui veulent protéger leur vaste front d'intellectuel des outrageantes atteintes du soleil (devinez qui), beaucoup de soleil pour ceux qui veulent s'en prendre plein les yeux et le mental (parce que la pluie, ça va un moment, mais vient un moment où ça ne va plus du tout). Tout baigne. Tout va bien. Le serveur finit même par s'apercevoir de notre présence (par parenthèse et puisqu'on en parle : oui ou non, est-ce que les serveurs et les serveuses suivent des cours spéciaux pour ne pas croiser le regard des clients qui cherchent à attirer leur attention ? En tout cas, c'est du grand art). Bref. Le serveur finit par arriver. Moules-frites pour tous. Et un verre de blanc bien frais. Le temps passe. Les moules-frites arrivent aux tables d'à côté. Mais pas chez nous. Normal. Pas grave : il fait beau. La mer est belle. On est en vacances. On a le temps. Finalement, le serveur se souvient de nous. Nos moules-frites arrivent. Et nos verres. On attaque gaillardement les unes et les uns.

Tiens, ne serait-ce pas une goutte de pluie sur mon front ? On regarde le ciel. Ouh là, bien gris bien noir du côté de la mer.

Trente secondes plus tard, l'averse. La vraie. Après tout, on est en Bretagne. Branle-bas de combat sur la terrasse. Dois-je rappeler que les parasols façon stores ne sont qu'à moitié ouverts ? Nos voisins se replient vers l'intérieur, embarquant les moules, les frites et les verres. Et nous, qu'est-ce qu'on fait ? Dehors ou dedans ? Et zut, on est dehors, on reste dehors ! Un petit grain, ça passe vite. Reste que si un serveur avait la bonne idée d'ouvrir complètement les parasols, lesquels se convertiraient aussitôt en parapluies, on ne serait pas contre, voyez. Nos vœux sont exaucés : un serveur accourt et se met à la manœuvre. Laquelle s'avère fort délicate. Il s'agit d'agripper une grande manivelle dans un bitoniau et de la tourner comme un malade. Dans le bon sens, si possible. Vu qu'il la tourne dans le mauvais sens, le temps qu'il rectifie, nous sommes trempés. Et, avec nous, nos moules, nos frites et nos verres. Je me demande fugitivement ce que ça donne, l'eau de pluie dans un verre de vin blanc. Et si c'était de la pluie radioactive, venue de la centrale nucléaire du Japon qui a failli exploser ? Tant pis, je me risque. Au pis, je ferai don de mon corps à la science. Finalement, ça y est, à force de bidouiller la manivelle, les stores-parasols sont complètement ouverts. Sauvés ! Ça tombe bien : il ne pleut plus. C'est le moment de savourer notre triomphe : alors que tous les autres estivants sont rentrés, avec leurs moules, leurs frites et leurs verres, nous jouissons du soleil revenu, du beau temps, de l'été. Tu vois, dit Madame à Monsieur (dedans), je t'avais dit que c'était juste un grain, on aurait mieux fait de rester dehors. Pour fêter ça, je prends un dessert : la tarte du jour. Au bout d'environ une heure, le serveur revient : désolé, j'ai oublié de vous dire, on n'a plus de tarte du jour. Comme quoi, on ne gagne pas à tous les coups.

Pour dire la vérité, un peu plus de soleil, un peu moins de pluie, un peu plus de chaud, un peu moins de froid, on ne serait pas contre. Trop de tonique tue le tonique. Le deuxième mois de juillet le plus froid depuis qu'existe la météo : voilà ce qu'ils ont dit à la radio, l'autre matin. J'ai même été obligé de mettre le chauffage. Un 22 juillet ! Bon, à l'heure où je vous parle, ça va à peu près, il y a du bleu dans le gris, du chaud dans le froid. Pas vraiment non plus de quoi manger dehors, notez bien. Ou alors bien couvert. Mais pique-niquer en juillet emmitouflé dans une canadienne, ça manque de charme, je trouve. Sauf au pôle Nord, bien sûr.

Dans l'Ouest, on ne s'ennuie pas

11 août 2007

Quand je lis *Ouest-France*, je me dis que j'ai vraiment de la chance de passer mes vacances dans une si chouette région. Partout, dans le plus petit bourg, dans la plus humble localité, ce ne sont que fêtes, pardons, festivals, manifestations de ceci ou de cela qui battent des records d'affluence et réjouissent le cœur des organisateurs. Tenez, pour la seule journée du 8 août, voici les titres d'articles que j'ai glanés dans le grand journal armoricain. « Locmaria : succès de la bourse aux cartes postales ». « Plouharnel : plus de 1 000 personnes à la soirée bretonne » (sans oublier 350 kg de moules et 300 kg de frites). « Saint-Philibert : belle implication des jeunes à la fête paroissiale ». « Ploemel : belle affluence à la fête de la chapelle Saint-Méen » (potée bretonne cuite dans les chaudrons pour 450 personnes). « Le Bono : 3 000 entrées à Troc et Puces » (200 camelots, 65 bénévoles). « Locmariaquer : succès de la traditionnelle fête paroissiale » (nombreux stands et jeux divers, pêche à la ligne et jeu de casse-boîtes). « Pluvigner : grand succès pour la journée crêpes à Bieuzy » (près de 400 gourmands en soirée). « Kerhostin : fest-noz de la Vak, un nouveau succès ».

La Bretagne est une *success-story*.

Et je n'ai encore rien dit de ce qui s'annonce : Fête des chasseurs à Belz, fest-noz et feu d'artifice à Landaul, Fête de l'agriculture à Erdeven, concours de boules bretonnes en quadrette à Gâvres, vide-grenier de la société des régates à Saint-Pierre-Quiberon, fête du port à Sauzon, concours de jeux bretons à Brec'h (quilles, monte-boule, palets sur cibles, galette, patigo, grenouille, boultenn… « sans oublier le surprenant tabouret de Saint-Dégan »). Et, bien entendu, le quatorzième rassemblement des Deux et plus (jumeaux, triplés, quadruplés…) à Pleucadeuc, le 15 août. Concurrencé, le même jour, par le pardon de la Madone des motards à Porcaro (20 000 motards attendus).

Bon, bien sûr, il peut arriver quelques fâcheux incidents, ici ou là. Jeudi dernier, par exemple, m'apprend toujours *Ouest-France*, le TGV de 6 h 40 a oublié de s'arrêter en gare d'Auray. Avouez que c'est rude pour tous ceux qui attendaient vaillamment sur le quai, sous la pluie si ça se trouve, à 6 h 40 du matin. D'un autre côté, ils ont été illico embarqués dans un TER pour Rennes et installés en première classe dans le premier TGV en partance pour Paris. C'est ça, la Bretagne !

À défaut de TGV, un jeune homme de 20 ans habitant à Bourbriac a trouvé un moyen original pour rentrer chez lui dans la nuit de vendredi à samedi. « Il a expliqué aux gendarmes qu'il ne voulait pas marcher pour effectuer les 5 km qu'il lui restait pour regagner son domicile. Comme aucune voiture ne le prenait en stop, en passant devant la cour d'une entreprise il a aperçu une tractopelle et a décidé de l'emprunter. » Ce que je préfère, c'est la chute : « Selon les enquêteurs, ce jeune homme était parfaitement sobre au moment des faits. » Remarquez, il aurait pu tomber sur un char d'assaut. Ou un porte-avions garé dans la rivière à côté. Bref, dans l'Ouest, on ne s'ennuie pas.

On s'ennuie d'autant moins que la météo, mutine, s'arrange pour mettre son grain de sel (et de grêle). Hier, rentrant d'une chouette virée dans un chouette coin avec de chouettes copains, j'ouvre la porte de la maison et j'entends floc-floc sous mes pieds. Comment ça, floc-floc ? Le carrelage de la cuisine n'a jamais fait floc-floc. Je regarde sur quoi sont mes pieds. Ils sont bel et bien sur le carrelage. Mais ils sont aussi, indiscutablement, dans l'eau. Comment ça, dans l'eau ? J'entre dans le séjour : que d'eau, que d'eau ! Tout le rez-de-chaussée inondé. Qu'est-ce que c'est que cette histoire ?

Appelé à la rescousse, un ami (et voisin) m'explique : un orage très, très localisé, le genre d'orage tellement localisé qu'il semble avoir exclusivement visé notre petit pâté de maisons, a déversé des tonnes d'eau et de grêle, dans un fracas de tonnerre et d'éclairs. D'où la grêle sur l'herbe. Et l'eau dans la maison. Allez, au boulot ! Deux heures à éponger, à tordre les serpillières et à remplir les seaux, avec l'aide infiniment précieuse de notre ami (qu'il soit béni jusqu'à la septième génération !). Si vous voulez vraiment savoir la vérité, c'est moyen drôle, de retrouver sa maison inondée et de tordre les serpillières. Comme activité, je crois que je préfère encore les jeux de boules bretons, dont le « surprenant tabouret de Saint-Dégan », quoi que la chose veuille dire.

Parce que le problème, avec l'eau, c'est que plus tu éponges, plus il y en a (de l'eau). C'est la source miraculeuse, à croire qu'elle arrive directement d'un pipeline branché sur la citerne céleste. Et allons-y les serpillières, et allons-y les seaux. Quand il y en a plus, il y en a encore. En plus, les pieds dans l'eau, c'est un coup à attraper le rhume. À la fin des fins (car tout a une fin en ce bas monde), on s'aperçoit soudain qu'il n'y a plus d'eau. Qu'on a tout épongé. On refuse d'abord d'y croire. On se dit que c'est un mirage, qui abuse nos sens. Mais ce n'est pas un mirage : quand on marche sur le carrelage, ça ne fait plus floc-floc. Du tout. Victoire ! Pleurs, pleurs de joie ! Bien sûr, il faudra tout sécher.

Meubles, chaises, tables… C'est fou, quand on y pense, le nombre de choses qui vivent par terre. Et donc mouillables.

Ce qui serait bien, là, maintenant, c'est que la météo nous lâche les baskets. Il n'y a tout de même pas que la pluie et la grêle pour mettre du sel dans la vie. Le soleil, c'est pas mal non plus. En plus, il n'y a même pas de quoi en faire un article dans *Ouest-France*. Je me demande si je ne vais pas me mettre à la tractopelle.

Bretagne (suite).
Le quai de gare s'est fait la malle

18 août 2007

Quand on revient de Belle-Île, le plus simple pour aller de Quiberon (port d'arrivée) jusqu'à Auray, c'est encore de prendre un tortillard judicieusement appelé le Tire-Bouchon, au motif qu'il évite les bouchons infernaux de l'unique route empruntant la presqu'île. Il s'arrête partout, parfois même en rase campagne, pour une durée aléatoire. Mais au moins, entre deux arrêts, il roule. Alors que les voitures, elles, font du surplace. Par surcroît, il véhicule, serait-ce involontairement, une bonne pincée de surréalisme.

L'autre jour, alors qu'on approchait de la gare d'Auray, la voix du contrôleur nous gratifia, par voie de haut-parleurs, du message suivant : « Avant de descendre du train, veuillez vous assurer de la présence effective du quai. » Ce qui laisse supposer que le quai peut très bien être absent. Soit que quelqu'un l'ait démonté dans la nuit pour le remonter ailleurs, soit que le quai ait lui-même décidé de se faire la malle, fatigué d'être scotché en gare d'Auray. En tout cas, ce sont visiblement des choses qui arrivent, et la SNCF, dans sa grande sagesse, en application du principe de précaution inscrit par Jacques Chirac dans la Constitution, se fait un devoir d'en informer ses clients. Imaginez une seule seconde que le quai ait effectivement disparu, et que nul n'en ait été prévenu. Un passager, notant son absence effective, serait tout à fait fondé à porter plainte, peut-être même devant la Cour de justice européenne. Le droit au quai est en effet un droit imprescriptible de l'humanité ferroviaire, ou alors où va-t-on, je vous le demande ?

Quoi qu'il en soit, ce jour-là, le quai y était. Nous pûmes donc y poser un pied aussi tranquille que décidé. L'avenir était devant nous, forcément radieux. Quoique… Car voici que, quelques jours plus tard, les médias tant régionaux que nationaux (l'un de nos amis reçut même un SMS alarmiste de Norvège pour le mettre en garde) nous avertirent de l'arrivée imminente d'une tempête. Pas une petite tempête d'amateur, juste pour rigoler. Non, une vraie de vraie tempête authentiquement bretonne, qui allait durer deux jours entiers consécutifs, et sérieusement secouer le cocotier (s'il y avait des cocotiers en Bretagne). Toutes les fêtes prévues le 15 août (et Dieu sait que le Breton aime fêter tout ce qu'il peut le 15 août), sur terre comme sur mer, avaient même été préventivement annulées, au nom du même sacro-saint principe de précaution. Comme quoi, c'était vraiment du sérieux. Alerte générale ! Tout le monde aux abris !

Le 14 août, effectivement, il plut. Il plut même sacrément et quasiment sans interruption ; de quoi me donner des sueurs froides, eu égard à l'inondation dont je venais tout juste d'être victime. Le lecteur distrait est invité à se reporter aux épisodes précédents. Il plut et il venta, tout aussi sacrément. Et quand il vente en Bretagne façon tempête, j'aime autant vous dire que ça nettoie les bronches. Rien de pire pour un estivant en vacances que d'être noyé sous des tonnes d'eau et rendu sourd par un vent fou. Que fait-il alors ? Il va au sec. C'est-à-dire dans un musée. Le mardi 14 août, les musées ont battu tous leurs records de fréquentation en Bretagne.

En ce qui nous concerne, nos amis et nous-mêmes, nous choisîmes d'honorer de notre présence le musée de la Cohue, à Vannes, qui avait l'excellente idée de présenter une collection d'ex-voto marins. Les ex-voto marins sont des tableaux peints par les survivants d'épouvantables naufrages. Au plus fort du naufrage, généralement en pleine nuit, le marin supplie la Vierge Marie ou sainte Anne de lui sauver la vie. En remerciement s'il s'en sort, il peint un tableau, où l'on voit le bateau réduit en miettes par une mer en furie et, tout là-haut dans le ciel, comme une apparition, la Vierge Marie ou sainte Anne (je vous rappelle qu'on est en Bretagne) à qui il doit la vie. Il nous semblait que regarder des ex-voto de survivants de naufrage était la meilleure façon d'affronter la tempête. Et, tant qu'on y était, d'y survivre. Dans le secret de nos cœurs, nous promîmes toutes sortes de choses si elle ne durait qu'une seule journée, et non deux, comme trompeté par les médias régionaux et nationaux. Sans parler de la Norvège. Une journée de tempête, ça va encore (surtout sans inondation subséquente), ça fait des souvenirs à raconter pour épater les collègues partis sous les tropiques. Deux, ça ne va plus du tout.

Le soir, un de nos amis, talentueux musicien, donna un concert de clarinette dans une petite chapelle ouverte à qui voulait se donner la peine d'y entrer. On entendait mugir et rugir le vent tout autour, c'était un concerto pour clarinette et tempête, une création mondiale. Il me sembla que, progressivement, la tempête baissa d'un ton, voire de deux tons, subjuguée par la clarinette. Comme quoi, la musique ne se contente pas d'adoucir les mœurs. Elle sait aussi parler au vent, à la pluie. Et à sainte Anne. Le lendemain matin, le 15 août, donc, il pleuvait toujours. Mais il ventait beaucoup moins. Puis il ne plut plus. Du tout. Miracle ! Pour fêter l'événement, nous allâmes tout au bout du bout de la terre, face à l'océan, façon Leonardo DiCaprio : « *I am the king of the world!* » Sauf qu'on n'était pas sur le *Titanic*. Et qu'on venait d'échapper au naufrage (et, accessoirement, à l'inondation). Il faisait bleu. Il faisait beau. Il faisait chaud. Les fêtes du 15 août avaient-elles été réellement annulées ? Je ne pouvais pas y croire. Les Bretons, qui ont survécu à mille fléaux mortels (à commencer par l'abus de kouign-amann), n'étaient tout de même pas du genre à se laisser impressionner par une tempête non effective.

Restait la question de l'ex-voto. Pour remercier sainte Anne (ou qui que ce soit) de ce miracle, qui allait se charger du tableau commémoratif ? Disons que cette chronique devrait faire l'affaire. On a les ex-voto qu'on peut.

Y a pas de quoi se démonter !

15 septembre 2007

Deux jeunes collègues se sont alarmés, tout à l'heure, d'un bruit étrange (et inquiétant) en provenance du couloir. Plus précisément : de la fontaine d'eau fraîche située dans le couloir. Je les ai vite tranquillisés : ce n'était que moi. Chaque fois que je vais faire le plein d'eau à la fontaine, il se passe quelque chose. Il suffit que je tire un verre en plastique pour que tous les autres verres en plastique me dégringolent sur les pieds. Cette fois, en tirant le verre, ça a fait un bruit d'enfer. Pourquoi ? Mystère. Bien entendu, ça n'arrive qu'à moi. Quand les autres viennent boire à la fontaine, tout se passe normalement. Qu'en conclure, sinon que la fontaine ne m'aime pas ? C'est comme la machine à café. Il suffit de mettre 40 centimes dans la fente, d'appuyer sur le bouton (café long sucré) et, hop, un gobelet tombe de la machine et le café tombe dans le gobelet. Sauf que moi, si je mets 40 centimes, je peux être sûr que mes deux pièces de 20 centimes vont faire bling-bling en retombant illico dans la case « retour monnaie ». Et tintin pour le café. C'est la vie. J'essaie de prendre les choses avec philosophie. Ce qui ne m'empêche pas de bourrer les machines de coups de pied et de coups de poing. Ça leur apprendra.

Tout ça pour vous dire que mon sang n'a fait qu'un tour quand j'ai lu dans *Le Figaro*, à la rubrique « La question du jour », ce titre insensé : « Comment bien nettoyer mon ordinateur ? » Attention, pas l'extérieur, l'intérieur. Je le dis comme je le pense : cet article est une pure et simple incitation au suicide. J'espère qu'ils ont un bon service juridique, au *Figaro*. Ils vont en avoir besoin. Nettoyer l'intérieur de l'ordinateur ! Ils ont de ces lubies, au *Figaro* ! Et pourquoi faudrait-il le nettoyer ? Parce que « les composants sont très sensibles à la poussière ». Moi aussi, je suis sensible à la poussière. Je ne me démonte pas pour autant. Car c'est bien de ça qu'il s'agit. Lisez plutôt : « Pensez à bien vous outiller : tournevis, brosse ou pinceau, Coton-Tige, aspirateur avec un embout suceur, compresseur d'air ou bombe d'air comprimé, aérosol ou produit spécial pour l'électronique et éventuellement masque antipoussière et gants en latex. » Je vous jure que je n'invente rien. C'est écrit noir sur blanc. On se croirait à « Urgences », juste avant l'opération fatale qui va achever le patient. Un tournevis ! Un aspirateur ! Un compresseur ! Manque juste le marteau-piqueur. Et le Kärcher. Bon. Supposons que j'aie tout le matériel. Supposons que je sois assez cinglé pour jouer les kamikazes. On procède comment ?

Vous allez voir, c'est très simple : « Déconnectez tous les périphériques. Repérez les vis qui servent à fixer le boîtier de protection et dévissez-les. Afin d'éviter les décharges d'électricité statique, touchez l'encadrement métallique à l'intérieur de l'ordinateur, puis débranchez le cordon d'alimentation. » Vous avez bien lu : *Le Figaro* prend sciemment, délibérément, le risque de nous tuer par électrocution. Et, pour l'éviter, vous avez vu ce qu'ils proposent ? Toucher du métal. Vous ne trouvez pas ça louche ? À se demander ce qu'ils ont réellement en tête. Lisons la suite : « Éliminez les plus grosses masses de poussière avec l'aspirateur puis projetez de l'air comprimé. » L'aspirateur dans l'ordinateur ! Je vois d'ici la scène : j'approche l'aspirateur de tout le bazar à l'intérieur et, hop, tout le bazar aspiré d'un seul coup! Plus rien dans l'ordinateur. Nettoyé de fond en comble. Plus un seul grain de poussière. Plus rien du tout. Après, tu débranches l'aspirateur, tu l'ouvres, tu vides le sac, tu retrouves tous les bitoniaux, les bidules et les machins, et tu passes le reste de ta vie à essayer de remettre tout ça en ordre. Fastoche. Ils me prennent pour un électricien ou un garagiste, les gars du *Figaro*? Et attention! « Assurez-vous que les barrettes mémoire, les cartes d'extension et les nappes de connexion sont bien engagées dans leurs emplacements. » Comment voulez-vous que je reconnaisse, au premier coup d'œil, les barrettes, les cartes et, surtout, les nappes? Car j'ai des nappes dans mon ordinateur. Manquait plus que ça. Qu'est-ce qu'elles foutent dans mon ordinateur, j'aimerais bien le savoir. Savoir que quand je clique sur ma souris je déplie une nappe sous le capot de mon ordinateur, ça me rend nerveux, j'aimerais bien savoir qui met le couvert.

Et ensuite? Ensuite, « aspergez le chiffon antistatique de produit spécial et nettoyez les parties métalliques puis l'intérieur et l'extérieur du capot de protection que vous revissez ». À condition de retrouver les vis. Parce que c'est bien beau de dévisser, mais pour te rappeler où t'as bien pu mettre ces foutues vis, microscopiques et quasiment invisibles, c'est une autre paire de manches. À tous les coups, elles sont tombées par terre. Encore heureux si le chat ne les a pas avalées. Allez, courage, c'est presque fini : « Enfin, propulsez l'air comprimé sur le clavier puis retournez-le et secouez-le au-dessus d'une corbeille. » Et là, qu'est-ce qui se passe? Il se passe que les touches du clavier se détachent et tombent. Sinon, pourquoi faudrait-il le secouer au-dessus d'une corbeille? Pour que les touches tombent dedans, tiens. Et après tu les ramasses et tu essaies de les remettre en place. À condition de te souvenir de l'ordre des lettres sur le clavier. L'intérêt de l'opération, je l'avoue, m'échappe complètement. Ce que je préfère, c'est la conclusion. Une fois que tout est fini, « votre environnement de travail est tout propre ».

On voit que l'auteur de l'article ne me connaît pas. Sachez, cher monsieur, qu'à la suite du chantier dans lequel vous m'aurez inconsidérément entraîné mon environnement, comme vous dites, sera entièrement dévasté, carbonisé, tchernobylisé.

J'attends avec intérêt votre prochaine « question du jour » : « Comment bien nettoyer votre bureau après avoir nettoyé votre ordinateur ? »

Même les amnésiques ont des trous de mémoire

22 septembre 2007

Voilà une information proprement démoralisante. Osons le mot : scandaleuse. Il n'y a peut-être pas de quoi réunir en urgence le Conseil de sécurité de l'ONU, mais c'est limite, limite. Je l'ai dénichée dans les « Indiscrets » de *L'Express*. Un entrefilet de quelques lignes, coincé entre des infos hautement stratégiques sur la succession du cardinal Lustiger à l'Académie française et le prochain livre de Michel Drucker sur les chiens. Je vous le recopie, brut de décoffrage. Attention, ça fait mal ! « Selon une étude de l'Institut national de la santé et de la recherche médicale auprès de 7000 seniors, la consommation d'au moins trois tasses de café (ou six de thé) préserverait la mémoire des femmes de plus de 65 ans. Les cerveaux masculins, en revanche, n'en tirent aucun bénéfice. » Bon, d'accord, je n'ai pas plus de 65 ans. Mais je compte bien y arriver. Disons que c'est dans mes projets. Par ailleurs, je bois du thé. Beaucoup de thé. Énormément de thé. Deux grands bols tous les matins. Largement plus de six tasses. Par ailleurs (bis), je suis un homme. Et j'apprends, comme ça, presque par hasard, sans y être préparé, qu'en tant qu'homme qui compte bien avoir un jour ou l'autre plus de 65 ans et qui boit du thé, je suis victime d'une scandaleuse discrimination. Le thé fait des miracles pour la mémoire des femmes. Mais pour les hommes, rien, nada, oualou. Notre mémoire à nous, futurs hommes de plus de 65 ans, le thé n'y peut strictement rien. On peut en boire des hectolitres, matin, midi et soir, de 65 ans jusqu'à 152 ans, ça n'empêchera pas notre mémoire de partir en lambeaux, de se trouer façon gruyère, de se liquéfier jusqu'à la dernière miette de petite bribe de microsouvenir.

Alors que les femmes, si. Les femmes de plus de 65 ans nous demanderont : tu te rappelles ? Et nous : qui ? quoi ? quand ? où ça ? On sera nuls. On sera lamentables. On sera pitoyables. Je ne vois qu'une solution : c'est que les femmes de plus de 65 ans arrêtent de boire du thé. Comme ça on sera à égalité. On ne se rappellera plus rien de rien. Mais ensemble. Ce sera émouvant comme tout. Je sais bien que je devrais être beau joueur. Pour une fois que les femmes ont un avantage sur les hommes, dans ce monde de machos, je devrais être content. Allez, je suis content. Si, si, je suis content. Je suis vachement content. N'empêche que c'est injuste. Pour un gars comme moi, je veux dire, qui boit du thé depuis qu'il sait que le thé existe. Qui fait honneur à la cause du thé. Qui devrait être décoré de l'ordre national du thé. D'accord, j'ignorais que ça aurait pu être bon pour ma mémoire. Mais maintenant que je le sais, je suis outré. C'est pas juste. Si ça se trouve, quand j'aurai plus de 65 ans, je ne me rappellerai même plus que je bois du thé. Vous vous rendez compte ?

D'autant plus que ce n'est pas la première fois qu'on me fait le coup. Je me rappelle (j'en profite, j'ai moins de 65 ans) qu'il n'y a pas longtemps une étude très sérieuse, anglaise si je ne m'abuse, entendait démontrer que les effets positifs du thé sur le système cardio-vasculaire étaient anéantis si on prenait du lait avec. Or, je prends du lait avec mon thé. J'ai toujours pris du lait avec mon thé. Pas beaucoup : juste ce qu'il faut pour diluer l'amertume. Parce que je fais du thé fort. Noir de chez noir, pour activer à fond tous les neurones de mon cerveau. Résultat : non seulement le thé n'aura aucun effet sur ma mémoire quand j'aurai plus de 65 ans, mais il n'a aucun effet sur mon système cardio-vasculaire depuis que j'ai moins de 65 ans. Vous allez me dire que je n'ai qu'à arrêter de mettre du lait dans mon thé. Et puis quoi encore ? Autant me demander d'arrêter de respirer. Tant pis pour mon petit cœur. Tant pis pour ma mémoire.

Heureusement, c'est bon pour mes neurones. C'est fou ce que ça me dope, mes deux bols de thé. On voit presque de la fumée me sortir par les oreilles, tellement ça carbure là-dedans. Manquerait plus que j'apprenne que le thé au lait, à raison de deux bols par jour, quand on est un homme de moins de 65 ans mais aussi de plus de 65 ans, accélère en réalité la destruction des neurones. Si jamais des scientifiques arrivent un jour à une telle conclusion, je les supplie à l'avance de garder ça pour eux. Et d'attendre ma mort, à 152 ans, pour le révéler. Moyennant quoi, pour l'instant, je continue. Je me demande même si je ne devrais pas augmenter la dose, pour rendre mes neurones encore plus performants. Parce que, franchement, il y a parfois des choses qui m'échappent, malgré tous mes efforts. *La Prophétie d'Avignon*, par exemple. C'était la saga de l'été, sur France 2. Je n'en ai pas regardé un seul épisode. Mais je viens de lire, dans *Le Parisien*, le résumé du tout dernier, histoire de savoir de quoi ça parlait au cas où, de but en blanc (on ne sait jamais), quelqu'un me demanderait : au fait, t'en penses quoi, de *La Prophétie d'Avignon* ? Eh bien, malgré mes deux bols de thé hyperconcentré, je n'ai rien compris.

Attendez, lisez, vous aussi, on va voir si vous êtes plus malins que moi. « Après plus d'un an de coma dépassé, Estelle s'est réveillée pour embrasser son bébé, une petite fille dont elle n'avait appris la conception que quelques millisecondes avant d'être atteinte par la balle destinée à Olivier. En effet, le soir de l'achèvement du cycle lunaire, au moment même où, tenue en joue par Dona, elle réussissait à ouvrir la source du temps, elle a vu et entendu son grand-père mort au deuxième épisode, lors d'un bref passage dans l'au-delà. Là, il lui a révélé sa grossesse et, ce faisant, le contenu du fameux texte détenu par Jean XXII. C'était donc elle, la petite brune en robe rouge des visions d'Estelle ! »

Je lis ça, je ne sais même plus comment je m'appelle. Rassurez-moi, je n'ai pas ouvert la source du temps, je n'ai pas déjà plus de 65 ans ?

Il est fou, ce flou !

6 octobre 2007

Ce titre, dans *Le Figaro*, sur quatre colonnes : « Les appareils révèlent leur intelligence ». Alors là, ça m'étonnerait. Tout ce qu'ils révèlent, les appareils, c'est leur bêtise. Et, pis, leur insondable sadisme. Prenez la photocopieuse. Celle du bout du couloir, par exemple, ici, à *Marianne*. Pas besoin d'aller chercher plus loin. Tout ce qu'on lui demande, c'est de faire des photocopies. Ce n'est tout de même pas la mer à boire, pour une photocopieuse. Eh bien, à peine ai-je appuyé sur le bouton qu'elle se met à clignoter de partout, à faire un boucan d'enfer façon Tchernobyl juste avant l'explosion, à afficher sur son écran des messages comminatoires, comme quoi il est hors de question qu'elle fasse la moindre photocopie, étant donné que le tiroir en bas à gauche est tellement bourré de papier qu'il déborde dans le gicleur du carter du carburateur de la centrifugeuse, et que je suis un naze de chez naze. Naze toi-même, je lui réponds du tac au tac (il faut savoir parler aux machines). Moyennant quoi j'ouvre quand même le tiroir en bas à gauche qui, évidemment, n'est pas le moins du monde bourré de papier, et à ce moment-là d'autres lumières rouges s'allument et l'écran m'avertit que si je ne vérifie pas immédiatement le réservoir d'encre derrière en haut à droite la machine va s'autodétruire dans les cinq secondes. Et m'anéantir du même coup. La voilà, mesdames et messieurs, la prétendue intelligence des appareils. Alors, qu'ils la « révèlent », comme l'annonce fièrement *Le Figaro*, je demande à voir.

Et justement, tant que j'y suis, je regarde l'article d'un peu plus près. Dès la première ligne, je comprends mon erreur : les appareils en question sont les appareils photo, rapport au salon de la Photo qui se tient à Paris. Bon. D'accord. Au temps pour moi. Et qu'est-ce qu'ils ont de spécial, les appareils photo, qui autorise à parler de leur intelligence ? Ils ont que, grâce à leurs millions de milliards de pixels et leurs milliards de millions de mégaoctets et tout le tremblement, ils font les malins comme personne. Un exemple, qui me laisse K.-O. pour le compte – je cite *Le Figaro* : « La fonction de "détection de sourire", proposée par certains constructeurs, ne déclenche l'obturateur que lorsque sourit la personne visée. » Je ne voudrais pas avoir l'air de critiquer, mais une supposition que vous vouliez photographier Juppé ou Fillon, avec la fonction « détection de sourire », vous risquez d'attendre longtemps. C'est juste un exemple. Sinon, vous avez le « retardateur par détection de mouvement ». À quoi ça sert ? « Le retardateur par détection de mouvement, explique toujours *Le Figaro*, permet de se placer tranquillement devant l'appareil, qui ne prendra la photo que lorsque le sujet sera parfaitement immobile. » Super. Maintenant, imaginez Sarkozy en train de poser pour la photo. S'il faut attendre qu'il soit « parfaitement immobile », bon courage. C'est juste un exemple. Je me permets de m'étonner qu'un journal comme *Le Figaro* vante les prouesses et l'intelligence d'appareils photo incapables de photographier Juppé, Fillon ou Sarkozy. Passons.

Mais il n'y a pas que *Le Figaro*. Il y a aussi *Libération*. Car le salon de la Photo n'échappe pas plus à la presse de gauche qu'à la presse de droite. Et quelle est, d'après *Libération*, la principale innovation des appareils intelligents ? Lisez plutôt : « Afin de pourfendre les photos floues, les boîtiers sont truffés de capteurs gyroscopiques qui détectent les tremblements, stabilisent les optiques et corrigent les tressaillements du photographe. De plus, la sensibilité toujours croissante des capteurs de lumière (3 200 ISO aujourd'hui) contribue aussi à réduire la durée de la prise de vue (vitesse d'obturation) et donc les risques de flou. » Et ça, visiblement, c'est un progrès. Vous voulez que je vous dise ? Je suis consterné. Grâce aux progrès du progrès, il va devenir impossible de faire des photos floues. Or, le flou, c'est ce qu'il y a de mieux dans la photo. Le flou, c'est la vie. Le flou, c'est le mouvement. Le flou, c'est la poésie. Tout le monde fait des photos nettes. Des photos impeccables, bien dégagées sur les oreilles. Mais où est le mystère, dans une photo nette ? Hein, où ?

Alors que le flou, c'est la porte ouverte à l'imagination, au rêve, au fantasme. Le flou, c'est fou ! Il faut le clamer haut et fort : c'est une déplorable habitude que de balancer à la poubelle les photos floues. Avant, du temps de l'argentique, de la photo à l'ancienne, quand on faisait développer la pellicule, le labo, d'autorité, rayait les photos floues, au motif qu'elles étaient ratées. Aujourd'hui, avec le numérique, c'est le photographe lui-même qui, aussitôt prises, aussitôt vues, les envoie à la poubelle. Quel gâchis ! Quelle tristesse ! Ratées, les photos floues ? Alors, vive la photo ratée ! Vive la main qui tremble, l'œil qui s'embue, l'émotion qui fait bouger ! Les photos trop léchées, trop belles, trop esthétiques, parfaitement construites, nettes de partout, on en voit partout, tout le temps. Alors que les photos mal cadrées, avec le doigt devant l'objectif et complètement floues, c'est la respiration du monde. Je me souviens d'un roman de Jean Rouaud qui s'appelait *Le Monde à peu près.* Parce qu'il était myope et qu'il voyait le monde à peu près. Le jour où il a mis des lunettes, il a trouvé le monde nettement moins poétique. Tout était trop net, trop clair, trop raide. Le monde à peu près était doux, ouaté, mystérieux, plein d'énigmes et de secrets.

Mais c'est notre faute, aussi : on veut que tout soit parfaitement clair, parfaitement compréhensible, quasi mathématique. On n'aime pas le flou. Le flou, c'est louche. Ça cache forcément quelque chose. Bien sûr, que ça cache quelque chose ! Plein de choses, même. C'est pour ça que c'est beau. Non ? Et voilà que j'apprends qu'il va devenir impossible de faire des photos floues !

Remarquez, vu mon talent particulier avec les machines dites intelligentes, je fais le pari que je vais y arriver. Il n'est pas né, l'appareil qui m'empêchera de rater mes photos !

Vladimir et Nicolas sont dans un 4 × 4

13 octobre 2007

J'ai beau aimer les photos floues, j'ai sous les yeux deux photos tout ce qu'il y a de plus net qui, franchement, plaident pour le net. Même s'il y a plein de flou autour. Mais le flou, faites-moi confiance, j'en fais mon affaire. Je dissipe le flou comme personne. Deux photos, donc. L'une et l'autre pourraient avoir la même légende : Vladimir et Nicolas font du 4 × 4. Elles ont toutes les deux été prises par le même photographe (Éric Feferberg, de l'AFP), à quelques secondes d'écart. L'une est publiée dans *Le Figaro*, l'autre dans *Libération*. Commençons par *Le Figaro*. Grand titre : « Vladimir Poutine et Nicolas Sarkozy brisent la glace ». Titre positif, donc. Et photo positive, comme on va le voir. Mais, d'abord, le contexte. On apprend, en lisant l'article, que Sarkozy a été reçu dans la datcha de Poutine, à une quarantaine de kilomètres de Moscou, en plein cœur d'une forêt de bouleaux. Après un premier entretien, ils sont allés dîner. Poutine a alors invité Sarkozy à monter dans son « puissant 4 × 4 allemand ». Sur la photo, on voit Poutine tenant le volant, concentré, regardant droit devant lui. Assis à la place du mort, Sarkozy, tourné vers Poutine, a un grand sourire. Entre les deux, assis à l'arrière, le visage caché par le rétroviseur, un quidam à cravate rayée. Bonne ambiance. Chaude complicité. Douce lumière sur les visages. Deux potes partis en virée, copains comme cochons. Nicolas en raconte une bien bonne à Vladimir : tu connais celle du fou qui repeint le plafond ? Bref : que du bonheur.

Libération, maintenant. Le titre est déjà moins copain-copain : « Désaccords cordiaux entre Poutine et Sarkozy ». Quant à la photo, elle est carrément terrifiante. Éloignez les enfants, s'il vous plaît. Poutine est toujours au volant, toujours aussi concentré, mais dans une variante KGB, limite *serial killer* : visage impénétrable, lèvres serrées, regard fixe. Sarkozy, lui, toujours à la place du mort, est en train de comprendre son malheur : il est réellement à la place du mort. Cloué sur son fauteuil, il est carrément mort de trouille, les yeux exorbités, comme un lapin pris dans les phares. Au milieu, le type à la cravate rayée n'en mène pas large non plus, on voit qu'il serre les fesses. La scène est plongée dans une obscurité inquiétante, seuls les visages sont éclairés par une lumière violente, façon tu vas parler, ordure ? Paradoxalement, c'est dans *Le Figaro* qu'on comprend ce qui se passe, au détour de cette simple phrase : « La voiture a démarré en trombe, tous feux éteints... »

C'était donc ça ! Ma thèse, c'est que dans *Le Figaro* on a la photo avant. Et dans *Libération* la photo pendant. On voit bien que, dans *Le Figaro*, la lumière du plafonnier est encore allumée, tout va bien, Sarko raconte sa blague du peintre et du plafond alors que Poutine, lui, pense très fort : profites-en, mon gars, rira bien qui rira le dernier, tu ne vas pas être déçu du voyage ! Et hop, démarrage en trombe, pied au plancher, à fond les manettes, c'est la photo de *Libé*. On ne rigole plus, Sarko se demande ce qu'il fait dans la bagnole de ce dangereux psychopathe, au secours, maman, j'ai peur, cet abruti ne voit pas à dix centimètres, on va se payer un arbre, un ours, un hippopotame, faites quelque chose, au secours ! Et Poutine : ah, ah, on ne fait plus le malin, hein ? On frime en jogging, à vélo, mais dans un 4 × 4 à fond la caisse dans la nuit noire, à des milliers de kilomètres de la moquette de l'Élysée, on les a à zéro ! Le type au milieu : euh, doucement, Vladimir, je sais que tu es un grand pilote, un grand chef, un superman, mais, euh, je n'ai rien à voir là-dedans, moi, j'ai des enfants, j'ai des traites à payer, j'ai du lait sur le gaz, ma femme va s'inquiéter, s'il te plaît, Vladimir, déconne pas ! J'imagine le retour à la datcha, après le raid de la mort. Vladimir : bon, alors, la Tchétchénie ? Nicolas : la Tchétchénie ? Mais tout va bien, Vladimir ! J'ai rien à dire, sur la Tchétchénie ! Impeccable, la Tchétchénie ! Vladimir : et Anna Politkovskaïa ? Nicolas : Anna quoi ? Anna qui ? Connais pas. Une petite vodka, Vladimir ? En langage diplomatique, voilà ce que ça donne, dans *Le Figaro* : « "Nous avons eu une très longue discussion, détendue, approfondie, franche…" a raconté le président français, de retour à son hôtel. » C'est cela, oui.

Au fait, il n'est pas pilote de course ou je ne sais quoi, Fillon ? Quand il en aura vraiment marre de se faire traiter de collaborateur, il n'aura qu'à appliquer la méthode Poutine. Inviter Sarko à une petite virée en voiture, après un jogging devant les caméras. Et hop, à fond la caisse, tous feux éteints, en forêt de Rambouillet, fais ta prière, Nicolas, c'est pas la peine de me raconter ta blague du fou qui repeint le plafond, fini de rire, j'en ai ma claque ! Sarko, les yeux écarquillés comme un lapin, etc. : déconne pas, François ! J'ai dit ça pour plaisanter ! Tu m'entends, François ? Dis, tu m'ent… Boum ! Dans l'hippopotame.

Tiens, ça me rappelle la trouille de ma vie en voiture. Je devais interviewer Jean-Luc Godard chez lui, à Rolle, en Suisse, avec un collègue. Il nous attendait à l'aéroport de Lausanne, avec sa voiture. Il a pris le volant, mon collègue est monté devant, je me suis assis derrière. Pendant tout le trajet, Godard n'a pas arrêté de parler, sympa comme tout, gentil comme tout. Sauf que, toutes les trois secondes, il se retournait vers moi, pour mieux m'expliquer ceci ou cela. Et moi j'avais envie de hurler : regarde devant, Jean-Luc ! T'occupe pas de moi ! On va écraser quelqu'un, c'est sûr et certain ! Preuve que les miracles existent : on n'a tué personne, on ne s'est fait tuer par personne. On est arrivés sains et saufs chez lui, à Rolle. Après, pendant l'interview, j'ai tout le temps été d'accord sur tout avec Godard.

Comme Nicolas avec Vladimir.

Le soir où Nicolas Sarkozy a disparu

20 octobre 2007

Je ne voudrais pas affoler la France, mais il est de mon devoir de citoyen de l'informer d'un événement curieusement (curieusement, mon œil !) passé inaperçu. Et qui ne laisse pas d'être inquiétant, pour ne pas dire extrêmement préoccupant. Alors que tous les médias s'alarment (et pour cause) de la disparition publique de Cécilia Sarkozy, aucun journal, aucune radio, aucune télévision (du moins à ma connaissance) n'a cru bon de nous signaler la disparition, aussi subite que soudaine, de l'ex-Monsieur Cécilia, j'ai nommé le président de la République. Je vois des doigts qui se lèvent, des micros qui se tendent : où ? quand ? comment ? Du calme, mesdames et messieurs, pas tous à la fois, je vais vous répondre. Où ? Au Stade de France. Quand ? Le samedi 13 octobre, pendant le match France-Angleterre. Comment ? Eh bien, justement, c'est ce que j'aimerais savoir. Mais, d'abord, les faits.

Dix-sept millions de téléspectateurs peuvent en témoigner : Nicolas Sarkozy était présent, ce soir-là, dans les tribunes du Stade de France, au tout début du match. Ou alors c'est qu'il a un sosie – hypothèse que je n'exclus nullement, mais qui, du coup, soulève une cascade d'interrogations sur lesquelles, si vous le voulez bien, je ne vais pas m'étendre aujourd'hui (et si vous ne voulez pas, c'est pareil). En tout cas, moi-même, parmi ces 17 millions de téléspectateurs, je l'ai vu, de mes yeux vu, ce dont je suis prêt à témoigner sous serment (et si c'est son sosie – lâchez-moi, s'il vous plaît, avec son sosie).

Donc, à 21 heures, Sarkozy. Et après 21 heures, quoi ? Plus de Sarkozy. Ni pendant le match. Ni après le match. Or, huit jours auparavant, pendant le match France-Nouvelle-Zélande, on l'a vu avant. On l'a vu pendant. On l'a vu après. Qu'en conclure, mesdames et messieurs ? Ceci : le samedi 13 octobre, le président de la République a disparu. S'il n'avait pas disparu, vous pensez bien que les caméras de TF1 l'auraient filmé. Elles auraient fait leur devoir, qui est de filmer le président de la République où qu'il aille, où qu'il soit. Les caméras de TF1 sont des caméras citoyennes, qui ont à cœur de tenir informé le peuple français des faits et gestes de celui qu'il a porté à sa tête. Elles l'ont fait (avec quel professionnalisme !) lors du match contre les All Blacks, jusque sur la pelouse et dans les vestiaires, après la victoire. Or là, pendant ce dramatique, ce tragique France-Angleterre : rien, pas une image, même pas une petite image de rien du tout. Je pose la question : qu'est-il arrivé au président de la République pendant ces deux heures cruciales ? A-t-il été enlevé ? Kidnappé ? Drogué ? Assommé ? Pris en otage ? Si oui, par qui ? Dominique de Villepin a-t-il un alibi ? Cécilia Sarkozy, faisant fi de ses sentiments personnels, a-t-elle joué un rôle dans les négociations ? Ou bien le GIGN est-il intervenu ? On conviendra que ce ne sont pas là de minces interrogations. Les Français ont le droit de savoir (surtout sur TF1). Or, personne n'en parle. C'est l'omerta ! Qu'a-t-on à cacher en haut lieu ? La France a-t-elle, dans le plus grand secret, à la suite d'un odieux chantage, accepté de fournir l'arme nucléaire à l'Iran (ou à Dominique de Villepin) ?

Ou bien (autre hypothèse) Nicolas Sarkozy n'a pas été enlevé : il a volontairement disparu. Possible. Imaginable. Envisageable.

Mais alors pour aller où ? Et pour faire quoi ? Qu'y avait-il donc de plus urgent, en cette soirée du 13 octobre, que de soutenir la France dans ce défi prométhéen, ce pari pascalien, cette tâche herculéenne ? Le devoir du président de la République était bel et bien de concasser les Rosbifs, de les disperser façon puzzle. Sinon, je vous le demande, où allons-nous ? Or, il n'était pas là. Je repose la question : où est-il allé ? Avait-il un rendez-vous secret avec Chantal Goya pour négocier, toutes affaires cessantes, son entrée au gouvernement ? Il en aurait tout à fait le droit. Nul ne songerait à l'en blâmer (après tout, on a bien Bernard Laporte). Simplement, qu'il le dise ! Le peuple français peut supporter la vérité ! Pour réduire les déficits, relancer la croissance, éradiquer la pauvreté, s'il faut nommer Chantal Goya au gouvernement, qu'on la nomme ! La France, ce cher et vieux pays, en a vu d'autres ! S'il faut Chantal Goya, il faut Chantal Goya, point final. Mais Nicolas Sarkozy, qui a promis la transparence, doit nous en informer. Il y va de sa crédibilité. Je m'étonne, par ailleurs, que nul ne songe à l'interroger sur cette gravissime affaire. Pendant la dernière conférence de presse de David Martinon, son ineffable porte-parole, les journalistes (venus du monde entier) n'ont posé à celui-ci qu'une seule et même question : et Cécilia ? Personne ne l'a interrogé sur l'inexplicable disparition du chef de l'État. Personne ne lui a demandé : et Chantal Goya ?

Reste une troisième hypothèse, à laquelle je refuse résolument de croire. De mauvaises langues osent insinuer que, si Nicolas Sarkozy a disparu des écrans de la République, c'est parce que le XV de France était battu. Et non seulement le XV de France, mais son ami et futur secrétaire d'État. Montrer le président morose, chafouin, furieux, battu, vaincu, prétendent ces esprits chagrins, ces envieux, ces mesquins, il n'en était tout simplement pas question pour TF1, dont le patron est un très proche ami dudit président. Ce ne sont là, je tiens à l'affirmer, que pures calomnies, qui n'honorent pas ceux qui s'abaissent à les répandre. Pas ça, pas moi ! Il se murmure aussi sous le manteau qu'ils furent nombreux, dans les salons, ceux qui se réjouirent bruyamment de l'échec du XV de France et, surtout, du futur secrétaire d'État. Et donc, par ricochet, de Nicolas Sarkozy, qui vint tout aussi bruyamment fêter la victoire dudit Laporte contre les All Blacks. Ma conscience de patriote ne peut imaginer une seule seconde un tel forfait contre la cause sacrée de l'écrasement des Rosbifs.

Et à part ça, elle arrive quand, Chantal Goya ?

Moi, Alain R., ex-tête de liste dans le VIIe à Paris

17 novembre 2007

Il faut aider les jeunes. C'est ce que me disaient les vieux, quand j'étais jeune. Leur donner un coup de main, leur mettre le pied à l'étrier. Devenu vieux à mon tour, je me dis que la moindre des choses, c'est de rendre ce qu'on m'a donné. Non pas aux vieux de quand j'étais jeune. Mais aux jeunes qui poussent les vieux dehors. Car il faut bien dire la vérité : les jeunes n'en ont rien à secouer, des conseils des vieux. C'est plutôt eux qui donnent ce conseil aux vieux : pousse-toi de là que je m'y mette. C'est ce qu'on appelle la ronde des générations. C'est beau. C'est émouvant. Quoi qu'il en soit, même s'ils n'en ont rien à secouer, j'estime de mon devoir d'aider les jeunes à mon tour. Qu'ils le veuillent ou non. Écoute-moi, petit con, tu me remercieras plus tard. J'ai donc décidé, par pur altruisme, sans rien en attendre en retour, de faire bénéficier de mon incomparable expérience un jeune qui débute. Un jeune méritant. Un jeune qui n'en veut, comme disaient les Deschiens. Quand je dis « un jeune », c'est façon de parler. En réalité, c'est à une jeune que je pense. Une jeune pleine d'avenir, qui a décidé de relever un enthousiasmant quoique périlleux défi. Et que j'aimerais éclairer de mes précieux conseils.

Son nom : Rachida Dati. N'ayez crainte, je ne vais pas me mêler de son boulot de ministre, n'ayant jamais été, du moins à ma connaissance, ministre de la Justice. Mais j'ai appris, voilà quelques jours, qu'elle avait accepté, à la demande générale de Françoise de Panafieu, d'être tête de liste UMP aux prochaines élections municipales, dans le VIIe arrondissement de Paris. Et là, mesdames et messieurs, j'ai mon mot à dire. J'ai une expérience grosse comme ça à lui transmettre. Car figurez-vous que, moi qui vous parle, j'ai été tête de liste aux municipales dans le VIIe arrondissement. Oui, monsieur. C'était dans une autre vie, avant que je sois journaliste. Sous Pompidou. En 1971. Je ne sais même pas si elle était née, Rachida Dati, en 1971. En tout cas, moi, si. Et j'étais bel et bien tête de liste. Bel et bien dans le VIIe arrondissement. C'est dire si j'ai des choses à dire. La différence avec Rachida Dati, c'est que je n'étais pas UMP (ni UDR, l'UMP de l'époque). J'étais PSU. Et j'étais à la tête d'une liste d'extrême gauche, moitié PSU, moitié Lutte ouvrière, fièrement intitulée : « Paris aux travailleurs ». Oui, dans le VIIe arrondissement. Et c'est là où je voudrais faire profiter Rachida Dati de ma connaissance du terrain.

Chère Rachida, sais-tu où tu mets les pieds ? Mesures-tu le risque que tu prends, en menant une liste UMP dans le VIIe arrondissement ? Permets-moi, en tout cas, de saluer ton courage, ton intrépidité, ta témérité. Car le VIIe arrondissement, j'aime autant te prévenir, pour une candidate de droite, c'est carrément une terre de mission. Dans le genre mission impossible. Je le sais : je l'ai labourée de gauche à droite et de haut en bas, avec mes camarades de la liste « Paris aux travailleurs ». Pour nous, ce fut, je tiens à le dire, une vraie partie de plaisir. Dans cet arrondissement populaire, frondeur, révolutionnaire dans l'âme, nous étions comme des poissons dans l'eau. Un quartier ingrat, certes, déglingué, ravagé par une misère endémique, avec ses taudis, son habitat insalubre, ses cités ghettos, mais tellement généreux, tellement solidaire, tellement ouvert aux luttes prolétaires, dans le souvenir des barricades de la Commune! Distribuant nos tracts aux bouches du métro Invalides ou Gare-d'Orsay, nous étions accueillis comme des frères par les travailleurs rentrant du boulot, la casquette sur la tête, la musette sur le dos. Alors que les militants de droite (voire d'extrême droite), eux, osaient à peine se montrer, ne faisant campagne que dans les deux ou trois rues où ils ne craignaient rien, entre la pharmacie, la banque et l'agence immobilière. C'est pourquoi, chère Rachida, je n'hésite pas à dire : chapeau! Tu aurais pu te faire élire confortablement dans le bourgeois XIXe arrondissement, protégé par les ministères de ceci ou de cela ornant de leurs magnifiques façades des avenues distinguées.

Alors que le VIIe, permets-moi de te le dire : ça craint! Pour la droite, je veux dire. J'ai souvenir de meetings enflammés, poings levés et drapeaux rouges au vent, devant l'École militaire. Ou de manifs de soutien aux militants injustement emprisonnés sur le Champ-de-Mars, sous les vivats des habitants massés sur les balcons, entonnant l'*Internationale*. D'accord, c'était en 1971, époque gauchiste s'il en fut. Les choses, aujourd'hui, ont quelque peu changé. Mais la population, malgré l'arrivée de quelques bobos débonnaires, est toujours aussi remontée contre les privilégiés. Aussi, Rachida, suis mon conseil : ne t'aventure pas seule rue de Grenelle ou rue du Bac et, surtout, au nom du ciel, ne t'affiche pas en Prada ou en Dior, comme j'ai lu que tu en avais pris l'habitude. Pas de provocation! Le VIIe est au bord de l'explosion! En 1971, chère Rachida, je me présentais contre le maire en place, un certain Édouard Frédéric-Dupont, élu à la fin des années 1930 et réélu sans interruption. Sache que, à ses yeux, le PSU et Lutte ouvrière étaient des organisations petites-bourgeoises acoquinées avec le grand capital. Avec mes camarades, je me suis battu vaillamment. Mais que pouvais-je faire, dans un tel arrondissement, contre un élu d'ultragauche, plus révolutionnaire que révolutionnaire ? C'était un combat perdu d'avance. Je me suis ramassé un 5 %, net et sans appel.

Tout cela pour te dire, chère Rachida, que ta campagne ne va pas être une partie de plaisir. Je ne dis pas ça pour te casser le moral. Mais pour que tu fasses attention. Notamment rue de Varennes, à proximité du lieudit Hôtel Matignon, QG bien connu d'agitateurs exaltés.

Bien entendu, je me tiens à ta disposition pour te guider sur ce terrain miné. Il doit me rester quelques tracts de l'époque. Je suis prêt à te les céder. Il faut aider les jeunes !

L'homme à la tête du chou

5 janvier 2008

Françaises, Français, mes chers compatriotes. Souvenez-vous : voilà quelques années, alors que je n'étais encore que ministre de l'Intérieur, je vous avais promis que si, un jour, j'étais en charge du chou farci, jamais on ne parlerait autant du chou farci, jamais on ne s'occuperait autant du chou farci. Eh bien, mes chers compatriotes, je veux vous dire ce soir que j'ai tenu mes promesses. Je vous avais dit que je ne vous trahirais pas, que je ne vous mentirais pas. Je ne vous ai ni trahis, ni menti ! Ayant été élu par vous, en mai dernier, pour m'occuper du chou farci, je tiens à faire solennellement devant vous le bilan de mon action en faveur du chou farci. Certains d'entre vous, je le sais bien, n'ont pas encore accès comme ils le souhaiteraient aux bienfaits du chou farci. À ceux-là, je dirai que le chou farci est une longue patience, que le chou farci se mérite. Il n'est pas dans la vocation de l'État d'offrir à chaque Français un chou farci au petit déjeuner sans qu'il y mette du sien. Pour gagner plus de chou farci, il faut travailler plus ! Laissons aux socialistes le rêve d'une société d'assistés, où le chou farci est un dû, un acquis social. À ceux d'entre vous qui voudraient davantage de chou farci, je veux dire que je ferai tout ce qui est en mon pouvoir pour qu'ils trouvent en eux-mêmes les ressources nécessaires pour s'en procurer encore et encore.

Je veux aussi leur dire que tout ne peut être résolu en un seul jour : depuis trente ans, la France est à la traîne, depuis trente ans la France est sous-équipée, sous-capitalisée en chou farci. Vous le savez aussi bien que moi : un chou est un chou et le chou ne se trouve pas sous le sabot d'un cheval, quoi que cette phrase veuille dire. Depuis six mois, j'emploie toute mon énergie à rattraper ce dramatique retard dans lequel, vous en conviendrez, je n'ai aucune responsabilité. Depuis six mois, grâce à mes efforts et à ceux de mon gouvernement, le chou farci gagne des parts de marché. C'est cela aussi, la rupture ! Croyez-le bien, ma détermination est sans faille. Je sais que certains trouvent que je ne vais pas assez vite, qu'ils rêveraient de voir du chou farci à tous les repas, matin, midi et soir, dans toutes les cuisines françaises, dans toutes les cantines françaises, dans tous les restaurants français. À ceux-là, je veux dire qu'on ne gouverne pas par la brutalité, qu'on n'impose pas le chou farci à ceux qui préfèrent le poireau vinaigrette ou l'œuf mayonnaise, lesquels ont vocation à continuer à faire le bonheur des tables françaises. Le chou farci trouvera sa place, toute sa place, par la négociation et le dialogue social, même si je mesure la légitime impatience des militants du chou farci.

Comme j'ai eu l'occasion de le dire devant Sa Sainteté le pape Benoît XVI, j'aime qu'une société soit portée par tous ceux qui ont une espérance. Aussi est-ce avec conviction que je fais mienne l'espérance de tous ceux qui rêvent que la France soit couverte d'un long manteau de choux farcis, au premier rang desquels mon ami Henri Guaino qui sait mieux que tout autre ce que la France, celle de Jean Jaurès et de Léon Blum, doit au chou farci. Il n'a pas encore retrouvé chez Jean Jaurès les pages immortelles sur le chou farci dont il croit se souvenir, mais je lui fais confiance : grâce à lui, les Français sauront que le chou farci n'est ni de droite, ni de gauche, mais qu'il réunit tous les Français. J'ai donné des instructions au ministre de l'Éducation nationale pour que, dès leur plus jeune âge, les écoliers soient initiés aux secrets de la recette du chou farci, qui fait partie des racines de l'Europe. Vous avez déjà pu noter, comme moi, que les émissions gastronomiques et culturelles sur la chaîne de mon ami Martin Bouygues font une large part au chou farci. Françaises, Français, mes chers compatriotes, j'ai pu commettre des erreurs, mais depuis six mois j'ai eu à cœur de tenir mes promesses de candidat en matière de chou farci.

En juillet prochain, la France assumera la présidence de l'Union européenne et j'aime autant vous dire qu'on va changer de braquet. L'Europe entière, qui attend le retour de la France, de la culture française, sera le porte-avions de la *task force* du chou farci en direction du monde, qui lui-même attend de profiter des fruits de la croissance du chou farci. Au-delà des clivages et des calculs à la petite semaine sur les petits réchauds de nos petites cuisines, nous avons besoin d'une politique de civilisation ! Cette politique, c'est celle de la civilisation du chou farci, horizon ultime d'une humanité enfin libérée des querelles partisanes et des quenelles sans saveur. Le Grenelle de l'environnement a permis de mettre en avant les vertus d'un chou farci du terroir et de sa mission civilisatrice. La politique est un humanisme ! Le chou farci est un humanisme ! Notre vieux monde a besoin d'une nouvelle Renaissance. Grâce au chou farci, la France sera l'âme de cette Renaissance. Quant à ceux qui n'aimeraient pas le chou farci, qui ne partageraient pas les valeurs universelles de la laïcité positive du chou farci, qu'ils sachent qu'ils s'excluent d'eux-mêmes de tout ce qui cimente notre identité nationale et qu'ils ont vocation à un éloignement vers des terres sans chou farci. La France, terre de civilisation et de gastronomie, ne saurait les accueillir en son sein, sous peine de se dissoudre dans l'insignifiance et le renoncement.

Afin de donner toutes ses chances à cette Renaissance, je songe à un prochain remaniement de mon gouvernement. Bien entendu, je privilégierai les ministres qui auront eu à cœur de promouvoir le chou farci, aussi bien chez eux que dans leur action. D'ici là, Henri Guaino aura retrouvé les pages immortelles de Jean Jaurès sur l'immarcescible noblesse du chou farci.

Françaises, Français, mes chers compatriotes, que la farce soit avec vous !

Table

Du même auteur

D'amour et de nuit
Éditions de la Grisière, 1971

Les Chemins de Bob Dylan
Éditions de l'Épi, 1971

Aube-Mer
Éditions de Saint-Germain-des-Prés, 1973

Yves Montand
Éditions Henri Veyrier, 1977

Mon œil. Chroniques cyclothymiques
d'un zappeur professionnel
Éditions Syros Alternatives, 1989

Les Mémoires de Mon œil
Éditions du Seuil, 1993

Je ne vous ai pas interrompu !
Éditions du Seuil, 1994

Les Images
Éditions du Seuil, 1997
et « Points » n° 1220

Chaque jour est un adieu
Éditions du Seuil, 2000

Un jeune homme est passé
Éditions du Seuil, 2002

Comme une chanson dans la nuit
Éditions du Seuil, 2003

A-t-on encore besoin d'une religion ?
(avec André Comte-Sponville et Bernard Feillet)
Les Éditions de l'Atelier, « Questions de vie », 2003

Dernières nouvelles de Mon œil : chroniques
Éditions du Seuil, 2003

L'Élève au cœur
(entretiens avec Marie-France Santoni-Borne)
Éditions du Seuil, « L'épreuve des faits », 2004

Lisez attentivement la notice
(préface de Bruno Frappat)
Éditions Bayard/La Croix, 2005

Je marche au bras du temps
Éditions du Seuil, 2006

Chaque jour est un adieu
suivi de Un jeune homme est passé
« Points » n° 1614

Comme une chanson dans la nuit
suivi de Je marche au bras du temps
« Points » n° 1713

Les romans n'intéressent pas les voleurs
Stock, 2007

RÉALISATION : PAO ÉDITIONS DU SEUIL
IMPRESSION : S.N. FIRMIN-DIDOT AU MESNIL-SUR-L'ESTRÉE (EURE)
DÉPÔT LÉGAL : MAI 2008. N° 97730 (89959)
Imprimé en France